Bräunling/Schweiggert
Wenn die Blätter bunt sich färben I

Der Herbst birgt für Kinder viele Überraschungen: Buntes und raschelndes Laub, Obsternte, Kartoffelfeuer, Basteln mit Kastanien, Bucheckern und Eicheln, Drachensteigen, Beobachtung der Tiere, die sich auf den Winterschlaf vorbereiten, Abreise der Vögel, Nebel-, Regen- und Sturmtage, wie geschaffen für Geschichtenlesen und -hören und für Spiele, zu denen auch die heiteren Herbstfeste wie Erntedank, Kirchweih, Martinstag und Rummelfeste einladen. Die beiden Vorlese- und Liederbücher über den Herbst erzählen in Gedichten, Spielen, Rätseln, Liedern und in Geschichten vieles Lustige und Interessante über die dritte Jahreszeit. Eltern, KindergärtnerInnen und LehrerInnen erhalten eine Fülle von Anregungen, wie sie die Herbstzeit ansprechend gestalten können, so daß die Kindergarten- und Schulkinder ihre helle Freude daran haben werden. Zusammen mit der Musikkassette „Wenn die Blätter bunt sich färben“ (PGW042), die gleichzeitig im Musikbär-Verlag, Eichenweg 15, 69198 Schriesheim, erscheint, lassen sie auch diese Jahreszeit für jedes Kind wieder zu einem besonderen Erlebnis werden.

Mit diesen beiden Büchern wird die „Kinderreise durch das Jahr“ fortgesetzt, in der bereits die folgenden Bände erschienen sind:

● *Wenn's draußen früher dunkel wird*,
KTB 129: Winterzeit – Geschichtenzeit; KTB 130: Winterzeit – Spielezeit (McPGW036);

● *Wenn's draußen wieder grünt und blüht*,
KTB 131: Frühlingszeit – Geschichtenzeit; KTB 132: Frühlingszeit – Spielezeit (McPGW037).

Elke Bräunling, geboren 1959, ist nach Studium und kurzer Lehrtätigkeit als Lektorin tätig und leitet zusammen mit Paul G. Walter den Musikbär-Verlag, Schriesheim.

Alfons Schweiggert, geboren 1947, studierte Psychologie, Philosophie und Pädagogik, war Lehrbeauftragter an der Uni München und ist derzeit Referatsleiter im Institut für Schulpädagogik und Bildungsforschung in München. Er veröffentlichte zahlreiche Kinder- und Jugendbücher, von denen er etliche selbst illustrierte, dazu pädagogische Fachliteratur, Lyrik und Belletristik für Erwachsene. Zweimal wurde er auf der Bestliste zum Deutschen Jugendbuchpreis ausgezeichnet. 1990 erhielt er für sein Gesamtwerk den Kultur- und Literaturpreis München-West.

Elke Bräunling
Alfons Schweiggert

Wenn die Blätter bunt sich färben

Herbstzeit – Geschichtenzeit

Mit Zeichnungen von Doris Westheuser

Christliche Verlagsanstalt Konstanz

Konstanzer Taschenbuch Nr. 136

Die Bände der Reihe „*Kinderreise durch das Jahr*“ enthalten Geschichten und Gedichte, Lieder und Spiele für Kinder im Alter von 5 bis 10 Jahren. Sie versuchen, den Interessen und Bedürfnissen von Kindern gerecht zu werden, und lassen sich im Kindergarten, in der Familie und in der Schule einsetzen. Im Musikbär-Verlag Paul G. Walter, Schriesheim, erscheinen die zu den Jahreszeiten jeweils korrespondierenden Musikkassetten.

Die Deutsche Bibliothek – CIP-Einheitsaufnahme
Wenn die Blätter bunt sich färben/Elke Bräunling ; Alfons Schweiggert ; Paul G. Walter. Mit Zeichn. von Doris Westheuser. – Konstanz: Christliche Verl.-Anst.
Teil 1 verf. von Elke Bräunling und Alfons Schweiggert

Bd. 1. Herbstzeit – Geschichtenzeit. – 1. Taschenbuchorig.-
Ausg. – 1993
(Konstanzer Taschenbuch; Nr. 136)
ISBN 3-7673-7136-7
NE:GT

1. Taschenbuchoriginalausgabe 1993

Umschlagzeichnung: Doris Westheuser, Versmold
Gesamtherstellung: MZ-Verlagsdruckerei GmbH, 87700 Memmingen
Printed in Germany
ISBN 3-7673-7136-7

Inhalt

Bunter Herbst

Onkel Nikis Herbstzaubergeschichten	EB	8
Der Herbstausflug der Sommergeister	EB	9
Altweibersommer	*AS*	12
Mai des Herbstes	*AS*	12
Mariä Geburt	*AS*	13
Herbstanfang	*AS*	13
Ein sagenhafter Brief	AS	14
Der goldene Monat	*AS*	15
Die Sache mit den Herbstblättern	EB	15
Papa erzählt das Märchen von den bunten Herbstblättern	EB	17
Wie der Herbst die Blätter färbt	*AS*	18
Das Birkenblatt und der Wind	EB	19
Die trotzige Kastanie	EB	20
Kastanien	AS	22
Warum heißt der September September?	*AS*	22
Warum heißt der Oktober Oktober?	*AS*	23
Warum heißt der November November?	*AS*	24
Alte Herbstmonatnamen	*AS*	24
Der Baum	EB	25
Der alte Apfelbaum – und der Friede	EB	26
Igel erfrieren nicht	*AS*	30
Welttierschutztag	*EB*	30
Der Tiger Hinundher	AS	31
Ein Besuch bei den Wächtern der Erde	EB	32

Fröhlicher Herbst

Onkel Nikis Drachentanz	EB	36
Drachensteigen	*AS*	40

Ein Drachenbrief AS 41
Die Wolkentraumreise EB 42
Kirchweih *AS* 43
Ein Rummelplatzbrief AS 44
Endlich Kirmes EB 46
Oktoberfest *AS* 47
Im Karussell geht's rundherum AS 48
Jans erster Freund EB 51
Wo ist mein Auto? AS 53
Die Tiere im Kino AS 55
Die drei Gartenzwerge und das Verkehrszeichen AS 56
Halloween, das Herbstgeistfest *EB* 57

Alltäglicher Herbst

Onkel Niki Morgenmuffel EB 59
Woher die Wochentage ihre Namen haben *AS* 59
Michas Vater EB 60
Der kleine Herr Zank macht einen Herbstspaziergang EB 61
Die Kinder und die Autos AS 65
Das rasende Skateboard AS 66
„Ich will euch nicht mehr sehen" EB 68
Ui, jetzt ist etwas passiert AS 71
Kranksein ist schön EB 73
Kennst du Herrn Dr. Lustig? AS 74
Wer zuletzt lacht . . . EB 76

Festlicher Herbst

Süße Birnen AS 81
Onkel Niki und die Botschafter des Herbstes EB 81
Das Herbstfest bei Onkel Willibald EB 83
Eine wunderbare Pflanze AS 88
Ein einfallsreicher Trick *AS* 89
Das große Kartoffelfest AS 90
Das Jahr der Erntefeste EB 94
Erntedank *AS* 97
Afrika ist überall EB 98

Tina will auch helfen	EB	99
Elfter Elfter elf Uhr elf	*AS*	100
Der lachende Kürbis	EB	101
Das Haus der lachenden Gesichter	EB	102
Der Laternenstern	EB	106
Wie Sankt Martin lebte	*AS*	106
Der halbe Mantel	EB	109
Nikolaus und Advent	*AS*	110

Besinnlicher Herbst

Onkel Niki und Tante Luise	EB	111
Ewig wie der Felsen hier . . .	EB	113
Der Totenmonat	*AS*	116
Allerheiligen und Allerseelen	*AS*	117
Philipp ist wütend	EB	118
Das bißchen Englisch . . .	EB	120
Was ein echter Puzzler ist	AS	122
Manchmal verstehe ich gar nichts mehr	EB	125

Wort- und Sacherklärungen sind durch kursiv gesetzte Überschriften gekennzeichnet.

Bunter Herbst

Onkel Nikis Herbstzaubergeschichten

Daniel ist schlecht gelaunt. „Herbst ist doof", murrt er.
„Doof?" fragt Onkel Niki. „Magst du den Herbst nicht leiden?"
Daniel schüttelt den Kopf. „Überhaupt nicht."
„Und warum überhaupt nicht?"
„Weil man da nicht mehr ins Schwimmbad gehen kann. Und T-Shirts darf man auch nicht mehr anziehen. Es ist zu kalt."
„Ich mag den Herbst eigentlich auch nicht so besonders", gesteht Ulla. „Wenn er nämlich kommt, weiß man, daß der Sommer vorbei ist. Da bin ich immer traurig. Außerdem macht der Herbst alles kaputt."
„Kaputt?" Onkel Niki sieht Ulla erstaunt an.
„Ja", sagt Ulla heftig. „Die Blumen macht er kaputt. Sie verwelken. Die Blätter auch. Sie werden bunt und fallen von den Bäumen, und dann sind die Bäume auf einmal ganz kahl. Das sieht nicht schön aus. Ja, und richtig spielen kann man draußen auch nicht mehr. Wegen dem Herbstwetter. Und wenn der Nebel kommt, graust es mir."
„Oh", meint Onkel Niki. „Herbst kann auch sehr schön sein. Jede Jahreszeit hat ihre Reize."
„Was ist das?"
„Na ja, ich meine, in jeder Jahreszeit gibt es Dinge, die besonders schön sind und die man besonders gerne mag."
„Im Sommer ins Schwimmbad gehen zum Beispiel", ruft Daniel.
„Im Winter im Schnee spielen und Weihnachten feiern", sagt Ulla. „Und im Frühling Rollschuhlaufen und Fahrradfahren und Osterferien."
„Zum Beispiel", sagt Onkel Niki. „Da gibt es sicher noch viel mehr Dinge, die man schätzt oder die man auch überhaupt nicht leiden mag. In jeder Jahreszeit."
„Und was kann man im Herbst schätzen?" fragt Ulla mißtrauisch. „Die Herbstferien vielleicht? Die sind aber nur kurz."

„Vielleicht das blöde Herbstwetter?" schlägt Daniel vor, und seine Stimme klingt immer noch brummig.
„Ihr Meckerfritzen." Onkel Niki muß nun doch lachen. „Also, manchmal scheint die Sonne im Herbst ja auch noch, oder? Da könnt ihr doch draußen spielen! Und macht mal eure Augen auf! So bunt wie der Herbst ist keine Jahreszeit. Bunt und geheimnisvoll."
„Geheimnisvoll?" fragen Ulla und Daniel wie aus einem Mund, denn das klingt spannend.
Onkel Niki nickt. „Ja, wißt ihr denn nicht, daß der Herbst ein großer Zauberer ist? Viele Geschichten könnte ich euch darüber erzählen! Ihr würdet staunen."
Ulla und Daniel staunen bereits. Geschichten mögen sie immer, und geheimnisvolle Zaubergeschichten um so mehr.
„Erzählst du uns diese Herbstzaubergeschichten, Onkel Niki?"
„Gerne. Aber ich dachte, ihr mögt den Herbst nicht?"
„Na ja", meint Daniel, „vielleicht mag ich ihn ja doch ein bißchen."
„Und mit deinen Geschichten", ruft Ulla, „kann der Herbst bestimmt ganz toll schön sein."
„Glaubst du?" fragt Onkel Niki.
Ulla nickt eifrig. „Bestimmt. Du kannst uns ja gleich mal eine geheimnisvolle Herbstgeschichte erzählen ..."

EB

Der Herbstausflug der Sommergeister

An manchen Sonnentagen im Herbst schleicht sich der Sommer klammheimlich hinter dem Rücken des Herbstes zurück. Er läßt die Sonne noch für ein paar Tage warm vom Himmel scheinen und wandert mit einem lauen Sommerlüftchen durchs Land. Der Sommer ist neugierig. Noch einmal möchte er sehen, was der Herbst in Wäldern und Gärten, auf Wiesen und Feldern inzwischen angestellt hat. Ja, und ärgern möchte er den Herbst durch sein Erscheinen natürlich auch ein bißchen, denn klar,

die Leute genießen die warmen Tage und sagen: „Wie schön, der Sommer ist zurückgekehrt!“
Der Sommer lacht, wenn er das hört, und noch mehr freut es ihn, wenn er sieht, wie sich der Herbst darüber ärgert.
Doch der Sommer kommt nicht alleine zurück. Nein, wie ein Mückenschwarm heften sich die kleinen Sommergeister an seine Fersen und folgen ihm auf seiner Wanderung durch das Land. Und wie einen lästigen Mückenschwarm wehrt der Sommer die Geistermeute immer wieder ab. Dann sausen die kleinen Geister im Sturzflug viele Kilometer weit durch die Lüfte. Um sich nicht zu verlieren, halten sie einander an ihren langen, silberweißen Haaren fest. Unterwegs machen sie häufig Verschnaufpausen auf Bäumen und Büschen, auf Grashalmen und Blumen, auf Mauern und Hausdächern. Dabei verlieren sie überall silberlange Härchen, die sich wie unsichtbare Fäden übers Land spannen und im Sonnenlicht silbrig funkeln. Die Sommergeister jagen weiter durch die Lüfte und suchen den Weg zum Sommer zurück, um sich wieder an seine Fersen zu heften. Unterwegs aber verlieren sie immer mehr Haare, und irgendwann sind sie ganz kahl auf dem Kopf. Da schämen sie sich so, daß sie sich eilig in ihr Sommerschlafquartier verkriechen. Dort bleiben sie, bis ein zarter, hellblonder Frühlingsflaum ihre Köpfe schmückt.
Die Menschen aber freuen sich über die Silberfäden, die ihnen im Herbstsonnenlicht entgegenschimmern. „Oh, Altweibersommer, wie schön!“
Der Sommer freut sich zuerst auch an der Freude der Menschen, doch wenn er dieses „Altweibersommer“ ein paarmal hört, beginnt er sich alt und immer älter zu fühlen. Und müde. „Nein“, sagt sich der Sommer, „ärgern will ich mich nicht. Ich bin nur müde. Ein kleines Schläfchen, dann setze ich meine Wanderung fort.“
Und er verzieht sich gähnend in sein Schlafquartier, wo er dann auch sogleich einschläft. Zufrieden schnarcht er vor sich hin, bis ihn im Frühling seine hellblondgelockten Sommergeister wie ein lästiger Mückenschwarm piesacken und aus dem Schlaf reißen.

EB

D.W.

Altweibersommer

An schönen, warmen Herbsttagen schweben durch die Luft seltsame Silberfäden, die im Sonnenlicht wie lange graue Frauenhaare glitzern. Die Leute sagen dann, daß alte Weiber, also betagte Frauen, diese Haare beim Kämmen verloren hätten: „Das ist der Altweibersommer." Das ist natürlich nur Gerede. In Wahrheit stammen diese zarten Zauberfäden von fliegenden Spinnen, die es eigentlich gar nicht gibt, obwohl man sie sehen kann, wenn man ganz genau hinschaut. Es sind nämlich junge Spinnen, die in die Welt hinaus wollen. Sie klettern deshalb an einem Grashalm hinauf und benutzen dessen Spitze als Startrampe. Dort spinnen sie in die Luft einen langen hauchdünnen Faden. Ein Windhauch genügt, und schon segeln die Winzlinge auf und davon. Eine ausgewachsene Spinne wäre für diese Flugreise natürlich viel zu schwer.

Wird es den Segelfliegerinnen zuviel, wickeln sie den zarten Faden im Flug um ihre Beine und gleiten mit diesem selbstgebastelten Fallschirm sanft zu Boden. Am Landeplatz spinnen sie dann ein Netz als feste Bleibe.

AS

Mai des Herbstes

So wird der September gerne genannt, denn oftmals wird es in diesem Monat noch besonders warm. In der milden, klaren Luft des alternden Sommers, des Altweibersommers, läßt sich schon der Abschied der Natur erahnen, woran jetzt auch die Zugvögel erinnern, die sich in Scharen zu ihrer langen Reise in den Süden versammeln. Am frühen Morgen liegt Rauhreif auf dem Gras und verwandelt den Stacheldraht in eine Sternenkette. Wie winzige Kalebassen rasseln nun trokkene Samenkapseln. Zu ihrem Rhythmus legt der Herbst sein farbenprächtigstes Kleid an. Jetzt sind auch alle Früchte reif. Die Äste der Bäume drohen unter der Last des Obstes fast zu brechen. Auf den Feldern holen die Bauern die Kartoffel-

ernte ein. Das Kraut verbrennen sie. Die Rauchschwaden mischen sich mit den aufziehenden Nebeln. Die Kinder haben großen Spaß, wenn sie in den Flammen die übriggebliebenen Knollen rösten können. Verborgen unter der verbrannten, kohlenschwarzen Schale erwartet die kleinen Leckermäuler eine goldgelbe heiße Köstlichkeit.
Auf den Wiesen beginnt jetzt auch eine Blume zu blühen, die Herbstzeitlose. Sie kündigt die neue Jahreszeit mit ihrer blaßvioletten Farbe an. Die Tage werden schon kürzer und die Sonne wirft längere Schatten. Der Wind verbreitet den Hauch der Vergänglichkeit. Der Herbst hat begonnen.

AS

Mariä Geburt

Am 8. September wird der Geburtstag der Mutter Gottes gefeiert und das seit etwa 1400 Jahren. Nennt man das Sommerfest „Mariä Himmelfahrt", den großen Frauentag, so ist „Mariä Geburt" als der kleine Frauentag bekannt.
An diesem Tag begeben sich auch die sogenannten „Muttergottesvögel" auf die lange Reise in Richtung Süden: „An Mariä Geburt fliegen die Schwalben furt", heißt eine alte Bauernregel. Die im Haus nistenden Schwalben, so glaubte man früher, schützten das Anwesen vor Blitzschlag und Unglück. Deshalb war es bei den Germanen streng verboten, eine Schwalbe zu töten. Am 8. September, während sich die Natur weiter zur Winterruhe legt, sät der Bauer aber auch die Wintersaat aufs Feld, wozu ihn der Spruch ermuntert: „Maria geborn, Bauer streu dein Korn."

AS

Herbstanfang

Werden zum Frühjahrsanfang, dem 21. März, an dem Tag und Nacht gleich lang sind, die folgenden Tage länger und länger, so werden sie nach der Tagundnachtgleiche des

Herbstbeginns am 23. September fortwährend kürzer und kürzer, bis am 21. Dezember der kürzeste Tag und die längste Nacht des Jahres anbrechen.
Aber nicht nur die Länge der Tage nimmt im Herbst jetzt ab, sondern auch die Wärme, das Leben und die Fruchtbarkeit in der Natur. Dennoch, gleichsam zum Trotz, klettert das Thermometer an schönen Herbsttagen oft noch auf sommerliche Temperaturen. Die Natur bäumt sich gleichsam gegen das Sterben auf und zeigt mit ihrer reichen Ernte und der Farbenpracht des Laubes, daß Leben oft am kraftvollsten ist, wenn es sich seinem Ende zuneigt.

AS

Ein sagenhafter Brief

Quakenbrück, den 3. November

Meine liebe Enkelin Diana,
vor fast sechs Wochen war nun schon Herbstanfang. Man merkt es jetzt ganz genau. Überall haben sich die Blätter gelb, braun oder rot gefärbt.
Da gibt es übrigens eine alte Geschichte. Mein Vater, Dein Urgroßvater also, hat sie mir erzählt: Sobald der Sommer zu Ende ist, besteigt hoch oben im Norden der Winter mit dem Schneereiher sein weißes Pferd. Gleich wenn der Herbst vorüber ist, muß er ja bei uns eintreffen, deshalb macht er sich zeitig auf den Weg.
Manchmal galoppiert der Schneeschimmel so wild, daß er den alten Winter abwirft. Dann jagt das weiße Pferd allein weiter. Nur der weiße Reiher ist bei ihm. Er muß später den Schneeflocken die Bahn vom Himmel herunter zeigen. Das Schneepferd ist leichtfüßig und erscheint in solchen Jahren schon sehr früh in unseren Wäldern. Wenn die Bäume das weiße Pferd sehen, wissen sie, daß der Winter nahe ist. Dann saugen sie rasch den Saft aus ihren Blättern und bereiten sich auf den Winter vor.
Manchmal zeigt der Schneereiher schon im Herbst einigen Schneeflocken den Weg auf die Erde. Dann schneit es bei uns

ein bißchen. Aber lange bleibt der Herbstschnee nicht liegen. Und weißt Du auch, warum nicht? Nun, weil der Winter ja zu Fuß gehen muß und erst später nachkommt.
Aber wenn er dann heran ist, springt er wütend auf den Schimmel und jagt ihn und den Reiher wie toll im Land umher. In solchen Wintern gibt es sehr viel Eis und Schnee. Deshalb sagen die Leute auch: Sieht man im Herbst einen herrenlosen Schimmel im Wald stehen, kommt der Winter zwar spät, aber er wird besonders hart.
Hat Dir die Geschichte gefallen?

Schöne Herbstgrüße sendet Dir Dein Opa

AS

Der goldene Monat

Damit ist kein anderer als der Oktober gemeint, in dem sich das herbstliche Laub goldgelb zu färben beginnt. Die Vorbereitungen der Winterschläfer laufen jetzt auf Hochtouren. Sie sammeln die letzten Vorräte, polstern ihr Winterlager weich aus und sind emsiger am Werk als in all den Monaten zuvor. Auch die Menschen kümmern sich nun um Holzvorräte, um Essen und Trinken. Dabei ist besonders der Wein ein Freudenspender, der die kommende kalte Jahreszeit etwas erträglicher macht. Sie kündigt sich mit immer heftiger werdenden Herbststürmen an, die das vergilbte Laub von den Bäumen reißen, deren Äste bald schon kahl in den grauen Himmel ragen.

AS

Die Sache mit den Herbstblättern

Heute ist es schön im Wald. Die Sonne scheint, und es ist noch einmal warm geworden nach den kühlen Regentagen.
„Wie wär's mit einem Waldspaziergang?" fragt Papa nach dem Frühstück. „Vielleicht finden wir noch ein paar Pilze."
„Eine gute Idee", meint Mutti. „Ihr geht in den Wald, und ich mache einen gemütlichen Gammeltag."

Also gehen Papa, Petra und Möpschen alleine los. Es macht Spaß, durch das Herbstlaub zu schlurfen. Das raschelt so schön. An manchen Stellen liegt das Laub so hoch, daß man das hüpfende Dackel-Möpschen fast nicht mehr sieht.
„Warum werden die Blätter im Herbst eigentlich bunt?" fragt Petra. „Und warum fallen sie ab? Ja, und warum . . ."
Papa stöhnt. „Bitte nicht wieder tausend Warum – Fragen auf einmal!" ruft er und tut, als sei er ganz verzweifelt. Dann aber erklärt er Petra doch die Sache mit den Herbstblättern:
„Also", beginnt Papa, „die Blätter werden bunt, weil sich die Bäume auf den Winter vorbereiten. Um zu überleben, brauchen sie nämlich viel Feuchtigkeit, die sie dann im Stamm und in den Wurzeln aufbewahren. Weil ihnen dazu das Wasser aus der Erde nicht reicht, holen sie sich auch noch den Blättersaft. Die Blätter aber trocknen nun langsam aus. Sie werden erst gelb, rot oder braun, und eines Tages sind sie so trocken, daß sie sich nicht mehr an den Zweigen halten können. Da hat der Wind ein leichtes Spiel. Er pustet die Blätter ein bißchen an, und – eins, zwei, drei – wirbeln und tanzen sie durch die Luft und landen auf dem Boden.
„Die armen Blätter!" meint Petra. „Und sie können sich nicht wehren?"
Papa lacht. „Nein, das können sie nicht. Aber ich könnte mir vorstellen, daß sich die Blätter in ihrem bunten Herbstkleid gut gefallen. Und das ist doch auch schon was, oder?"
„Na ja", meint Petra und zuckt die Schultern. „Aber auf den Boden fallen und vertrocknen ist trotzdem nicht schön."
„Nein", meint Papa. „Das stelle ich mir auch nicht angenehm vor." Er macht eine kleine Pause. „Über die Sache mit den bunten Blättern haben den Menschen schon zu allen Seiten nachgedacht. Viele Märchen erzählen davon."
„Märchen!" ruft Petra begeistert. „Erzählst du sie mir? Ach, bitte."
Papa lacht. „Das habe ich mir gedacht. Aber warum nicht? Was hältst du von einem alten Indianermärchen?"
„Viel", ruft Petra.
„Na, dann hör mal zu!" EB

Papa erzählt das Märchen von den bunten Herbstblättern

(nach einem alten Indianermärchen)

In früheren Zeiten waren die Bäume auf der Erde immer grün. Das ganze Jahr über. Die Menschen kannten nichts anderes. Eines Tages aber ging ein Mann auf Wanderschaft. Er wanderte nordwärts, immer weiter, über Berge und Flüsse, durch Wüsten und Wälder, vorbei an Orten, die kein Mensch jemals gesehen hatte. Nach langer langer Wanderschaft kam er in ein wunderschönes Land. Es war ein buntes Land, das bei Sonnenschein in allen Farben leuchtete. Am schönsten aber waren die Bäume. Ihre Blätter schillerten gelb, rot, golden und braun. Der Mann staunte. Er konnte sich an der Farbenpracht gar nicht satt sehen.
‚Das muß ich daheim erzählen', rief er und wanderte den weiten Weg zurück in sein Land.
„Ich habe ein Zauberland entdeckt", erzählte er den Leuten zu Hause. „Es ist ein wunderschönes Land mit bunten Bäumen."
„Bunte Bäume?" riefen die Leute und lachten. „Nein, bunte Bäume gibt es nicht. Du spinnst!"
Der Mann aber erzählte immer wieder von dem Zauberland mit den bunten Bäumen. „Ich habe sie selbst gesehen. Mit eigenen Augen."
Weil sich die Leute aber nur über ihn lustig machten, schlug er vor, ihnen den Weg zu diesem geheimnisvollen bunten Land zu zeigen. Da lachten die Leute noch lauter.
„Bring uns doch einfach einen Zweig mit bunten Blättern her!" riefen sie spöttisch. „Damit wir dir glauben können!"
Da zog der Mann wieder nach Norden, und die Leute hörten nie mehr etwas von ihm, und irgendwann hatten sie ihn vergessen.
Eines Tages aber kam ein seltsamer Vogel angeflogen. Er hatte ein prächtig buntes Federkleid. Die Leute staunten. So einen wunderschönen Vogel hatten sie noch nie gesehen. Näher und näher kreiste der Vogel über dem Dorf. Er hatte ei-

nen Zweig im Schnabel. Einen Zweig mit gelben, roten und braunen Blättern. Seltsam. Die Leute wunderten sich. Einige aber erinnerten sich an den verrückten Spinner, der in einem Zauberland rote, gelbe und braune Bäume gesehen haben wollte. Im gleichen Augenblick ließ der Vogel den Zweig in die Krone eines Baumes nahe beim Dorf fallen, und – eins, zwei, drei – fingen seine Blätter an, gelb und rot und braun zu leuchten. Der Vogel krächzte, und es klang fast wie ein Lachen. Dann flog er davon. Weil er aber den Zweig mit den bunten Blättern zurückgelassen hatte, verfärbten sich die Blätter der Bäume nun jedes Jahr im Herbst aufs neue gelb, rot und braun. Ja, und die Leute gewöhnten sich daran.

EB

Wie der Herbst die Blätter färbt

Wenn die Tage kürzer und die Nächte kühler werden, spüren das auch die Bäume. Den ganzen Sommer über haben sie ihre Blätter genährt, so konnten diese das Licht der Sonne nutzen und den Baum gedeihen lassen. Jetzt aber hört dieser zu wachsen auf und beginnt langsam alle Nährstoffe in den Stamm und in die Wurzeln zurückzuziehen. Er braucht diesen wertvollen Saft in der Winterzeit zum Leben.

Auf den Stielen der Blätter entsteht eine korkartige Schicht. Sie vernarbt und schnürt die Stiele dabei ein. Nun können die Blätter kein Blattgrün, auch Chlorophyll genannt, mehr herstellen. Das Blatt stirbt langsam ab.

Es bleibt zwar noch einige Zeit grün. Wenn sich jedoch das Chlorophyll zu zersetzen beginnt, erscheinen die ersten gelben und rötlichen Flecken. Deutlich treten nun die Blattadern hervor, in denen sich das dunkle Grün am längsten hält. Zunehmend zeigen sich aber auch die anderen Farben des Blattes, die sich im Sommer unter dem Grün nur verborgen hatten.

Geradezu blendend hell leuchten sie, wenn die Herbstsonne das Laub kräftig bestrahlt und wenn es draußen trocken und kühl ist. Nicht alle Blätter zeigen dabei die gleichen Farben.

Die reichhaltige Palette der Natur bietet eine große Auswahl. Rot leuchten Ahorn-, Essigbäume und Buchen. Gelb erstrahlen Trauerweiden, Pappeln, Ulmen, Espen und Roßkastanien. Bronze ist die Farbe der Linden und helles Gold das Kennzeichen der Birken und der Eichen, die sich allerdings oft auch hellbraun verfärben. Bei vielen Baumarten mischen sich die Farben sogar und wirken so kunterbunt wie Konfetti.

Natürlich wechseln die Blätter ihr Aussehen nicht zur gleichen Zeit. Je mehr Sonne und Wärme auf eine Baumkrone einwirken, um so rascher findet der Farbwechsel statt, wobei sich jeden Tag noch eine weitere Veränderung vollzieht. Ist das Blatt ausreichend gealtert, löst es sich immer mehr vom Baum. Schließlich hängt der Stiel nur noch an einigen Fasern. Nun genügt ein leichter Windstoß, und das Blatt gleitet schaukelnd durch die Luft und schwebt, sich wiegend, zu Boden, wo es zusammengerollt wie eine Zwergenfaust liegen bleibt.

Laubhaufen entstehen, durch die besonders gerne Kinder mit den Füßen schlurfen, da ihnen das Rascheln so sehr gefällt. Regnet es, verkleben die Blätter zu einer dunklen, glitschigen Masse. Für die zarten Pflanzensprößlinge im Garten stellt die halbvermoderte Laubschicht über die Wintermonate ein schützendes Dach dar.

Und manchmal, wenn im Frühling die jungen Blätter zu knospen beginnen und ihre zarten Spitzen hervorstrecken, entdeckt man in einer geschützten Ecke des Gartens noch das eine oder andere braungraue Blatt vom letzten Herbst, das ein Frühlingshauch bisweilen erzittern läßt.

AS

Das Birkenblatt und der Wind

„Ach, wenn ich doch fliegen könnte!" dachte das Birkenblatt und blickte sehnsüchtig zu dem bunten Drachen, der in der Luft tanzte. „Nur ein einziges Mal!"

„Fliegen?" lachte der Herbstwind. „Das kannst du haben!"

Und eins, zwei, drei blies er eine volle Backenladung auf die Birke. Huuiiii! Hoch wirbelten die gelben Birkenblätter in den Himmel hinauf, dem Drachen hinterher.
„Ich kann fliegen“, rief das Birkenblatt glücklich. „Hurra!“ Es flog hoch und höher, umkreiste den Drachenschweif, hüpfte auf die Drachennase zu einem übermütigen Kuß und tanzte mit dem neuen Freund um die Wette. „Fliegen ist schön“, jubelte das Birkenblatt. „So schöööööön ...“
Doch was war das? Für einen Moment machte der Wind eine Atempause, und wie ein Stein trudelte das Birkenblatt zur Erde hinunter. „Fliegen ist ja so schö-ö-ö-ö-ö-ön ...“, rief es und landete – platsch – im Bach. Na ja, Schwimmen ist auch nicht schlecht, oder?

EB

Die trotzige Kastanie

„Ich will nicht vom Baum fallen“, sagt die Kastanie und klammert sich am Ast fest. Der Wind rüttelt an den Zweigen, doch die Kastanie läßt sich nicht abschütteln. Rings um sie herum fallen Kastanien, Bucheckern, Eicheln und Nüsse mit lauten Plumpsern auf die Erde. „Ich will nicht“, mault die Kastanie. „Um keinen Preis!“ Die anderen Kastanien kichern. „Möchtest du nicht ein Baum werden? Ein schöner, großer Kastanienbaum?“
„Nein“, ruft die Kastanie. „Ich will mich nicht in die dunkle Erde eingraben.“ Und sie umklammert fest ihren Ast. Da hängt sie und klammert. Der Wind saust und braust und fegt die letzten Blätter von den Bäumen. Die Kastanie aber, die hat er nicht geschafft. Noch immer hängt sie oben im Baum, trotzig und alleine – und sie langweilt sich ganz schön da oben ...

EB

Kastanien

Wenn im Herbst die glänzend braunen Kugeln aus der grünen Stachelschale herausbrechen, freuen sich die Kinder, weil sie aus ihnen herrliche Figuren basteln können. Aber kann man diese Kastanien auch essen?
Wildschweine und Rehe können die sogenannten Roßkastanien schon fressen. Früher wurden sie zerkleinert und kranken Pferden ins Futter gemischt, wenn diese den gefährlichen Roßhusten hatten. Den Menschen bekommen die Roßkastanien aber nicht, ja die stacheligen Schalen und unreifen Früchte sind sogar giftig. Wer nur eine dieser rotbraunen Lackkugeln verspeist, bekommt bereits Durchfall und muß sich erbrechen. Die Roßkastanie enthält jedoch auch viele wertvolle Stoffe für Medikamente gegen Durchblutungsstörungen, Gicht und Rheuma, und aus den Blüten läßt sich ein ausgezeichneter Hustentee zubereiten.
Aber der Maronimann auf dem Jahrmarkt verkauft doch geröstete Eßkastanien, auch Maroni genannt. Will der die Leute vergiften? Natürlich nicht. Dabei handelt es sich nämlich um keine Roßkastanien, sondern um Edelkastanien, die in warmen Gebieten gedeihen. Und diese Maroni sind tatsächlich eine leckere Köstlichkeit im Herbst.

AS

Warum heißt der September September?

Vor langer Zeit kannten die Leute die Reihenfolge der Monate noch nicht so wie heute. Einmal zählten sie die Monate ab, denn sie wollten den Monat benennen, der nach dem August kam. Sie zählten:

„Januar – eins, März – zwei, April – drei, Mai – vier, Juni – fünf, August – sechs. Aha, nach dem August kommt also der siebte Monat.“ Weil sieben aber in der Sprache der Leute *septem* hieß, nannten sie den Monat nach dem August September. In Wirklichkeit aber war der September nicht der siebte, sondern der neunte Monat. Bis zum heutigen Tag heißt der neunte Monat eines jeden Jahres aus diesem Grund September.

AS

Warum heißt der Oktober Oktober?

Die Leute kannten vor langer Zeit die Reihenfolge der Monate wirklich sehr schlecht. Jetzt wollten sie den Monat benennen, der nach dem September kam. Sie zählten wieder:

„Januar – eins, April – zwei, März – drei, Februar – vier, Juli – fünf, August – sechs, September – sieben. Aha, nach dem September kommt also der achte Monat.“ Weil acht aber in der Sprache der Leute *octo* hieß, nannten sie den Monat nach dem September Oktober. In Wirklichkeit aber war der Oktober nicht der achte, sondern der zehnte Monat. Bis zum heutigen Tag heißt der zehnte Monat eines jeden Jahres aus diesem Grund Oktober.

AS

Warum heißt der November November?

Die Leute wollten vor langer Zeit auch den Monat benennen, der nach dem Oktober kam. Sie zählten:

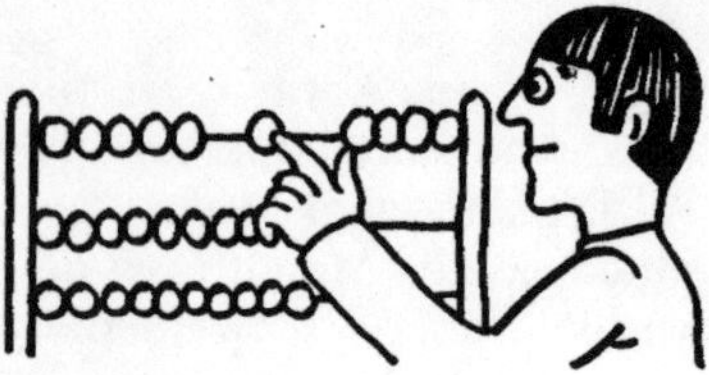

„April – eins, August – zwei, März – drei, Januar – vier, September – fünf, Juli – sechs, Februar – sieben, Oktober – acht. Aha, nach dem Oktober kommt also der neunte Monat." Weil neun aber in der Sprache dieser Leute *novem* hieß, benannten sie den Monat nach dem Oktober November. In Wirklichkeit aber war der November nicht der neunte, sondern der elfte Monat. Bis zum heutigen Tag heißt der elfte Monat eines jeden Jahres aus diesem Grund November.

AS

Alte Herbstmonatsnamen

Die Monate September, Oktober und November hatten früher andere Namen. So hieß der September „Scheiding" und das zu Recht, galt es doch vom Sommer Abschied zu nehmen und von der warmen Jahreszeit zu scheiden. Aber auch „Füllmond" wurde er genannt, wobei der Name an die Erntefülle denken läßt, die dieser Monat beschert. Kaiser Karl der Große nannte den September in seinem Kalender „Holzmond", da nunmehr die letzte Gelegenheit war, Holz für den bevorstehenden Winter zu sammeln.

Die alten Namen für Oktober waren „Weinmond“ und „Gilbhart“. Sie erinnern an die Weinernte und an das bunte, vergilbte Kleid der herbstlichen Natur. Auch „Dachsmond“ war eine gebräuchliche Bezeichnung für den Oktober, denn früher wurde der Dachs in diesem Monat wegen seines Fettes gejagt. Es war als heilkräftige Salbe sehr angesehen.
Im November ziehen Nebel durch die abgestorbene Natur, und so nannte der mächtige Frankenkaiser Karl diesen Monat „Nebelung“. Die Bezeichnung „Windmond“ weist auf die Herbststürme hin, die auch das letzte welke Blatt von den Ästen reißen. Der Name „Schlachtmond“ hingegen verrät, daß im November auf den Dörfern richtige Schlachtfeste stattfanden, denn Essen und Trinken machte diesen traurigen Monat wenigstens ein wenig freundlicher.

AS

Der Baum

Der Baum wurde gefällt. Das Holz seines Stammes wurde zu Papier verarbeitet. Aus dem Papier wurde ein Buch gemacht. In das Buch wurden Geschichten gedruckt. Zum Beispiel diese hier.

AS

Der alte Apfelbaum – und der Friede

„Keine Widerrede", sagte Tommis Vater barsch. „Der Baum wird gefällt!"
Tommis Vater griff zur Zeitung und tat sehr beschäftigt. Tommi seufzte. Seit Tagen hatte er mit seinem Vater um den alten Apfelbaum, der an der Grenze zum Nachbarn stand, gestritten.
„Der Baum steht dicht an der Grenze", schimpften die Nachbarn. „Er wirft zuviel Schatten. Und dann das viele Herbstlaub! Unzumutbar!"
„Ich will meinen Frieden mit den Nachbarn haben", hatte Tommis Vater schließlich gesagt. „Der Baum muß weg."
Seinen Frieden mit den Nachbarn! Tommi seufzte wieder, dieses Mal etwas lauter. Er konnte es nicht verstehen. Warum hatte sein Vater solche Angst? Und was konnte der arme, alte Apfelbaum für den Frieden? Tommi beugte sich über die Schulter seines Vaters und blickte in die Zeitung. „Das Waldsterben hat in den letzten Monaten um 10 Prozent zugenommen", stand da als Überschrift geschrieben. „Zwei Drittel des Waldes sind bereits erkrankt. Am Wochenende werden weitere Demonstrationen von Umweltschützern erwartet."
Wie gebannt starrte Tommi auf die dicken roten Buchstaben. Waldsterben, saurer Regen, Ozonloch, Fischsterben, Algenpest, Robbentod. Worte, die er schon so oft gehört hatte, die ihm Angst machten. „Immer mehr Bäume sterben, Vati", flüsterte er. „Hast du es gelesen?"
„Ja. Es ist eine Schweinerei. Die machen alles kaputt!"
„Kann man denn gar nichts dagegen tun?"
Tommis Vater zuckte mit den Schultern. „Was können wir kleinen Leute denn dagegen tun?" fragte er.
„Hm", meinte Tommi, „wir könnten doch auch zu so einer Demonstration gehen?"
Erschrocken ließ Tommis Vater die Zeitung sinken. „Was?" rief er. „Ich soll auf eine Demonstration gehen?" Er schüttelte den Kopf. „Nein, das geht nicht. Wenn mich da jemand sieht! Außerdem bringt es nichts!"
Erstaunt sah Tommi seinen Vater an. Es schien fast, als hätte

sein Vater Angst. Nicht wegen der Bäume. Nein, wegen der Leute. Komisch. „Hast du Angst davor?" fragte er.
„Ich, Angst, hoho!" Tommis Vater lachte, doch irgendwie, fand Tommi, klang dieses Lachen anders als sonst. „Nein, ich habe keine Angst."
„Aber du hast doch auch Angst vor den Nachbarn", sagte Tommi leise, „und unser Apfelbaum muß sterben. Das sind dann bestimmt 0.001 Prozent mehr von diesem Baumsterben."
„Ach, Quatsch", rief Tommis Vater ärgerlich. „Das ist doch etwas ganz anderes. Und nun will ich nichts mehr hören. Der Baum muß weg." Er starrte Tommi böse an und griff wieder zur Zeitung.
„Ich kann mir unseren Garten ohne den alten Apfelbaum aber gar nicht vorstellen", versuchte es Tommi noch einmal, doch sein Vater hörte nicht mehr zu.
Tommi war wütend und gleichzeitig traurig. Er verstand seinen Vater einfach nicht! Ob das der rechte Weg zum Frieden war? Und was trugen die Nachbarn dazu bei? Wenn der Baum erst einmal weg war, würden sie andere Gründe zum Schimpfen finden. Die fanden sich doch immer!
Tommi gab sich einen Ruck: „Vati, sag, wo fängt der Friede eigentlich an?" fragte er. Sein Vater aber hob nur den Arm. „Raus!" sagte er gefährlich leise. „Und Schluß! Basta!"
Tommi ging in den Garten und lehnte sich an den Stamm des alten Apfelbaumes. Ja, wo fing der Friede eigentlich an? Und warum mußte ein Baum dafür hinhalten? Gerade jetzt, wo jeder Baum so wichtig geworden war! Darüber hatten sie auch in der Schule gesprochen.
„Ein Baum", hatte die Lehrerin erklärt, „ist eine Welt für sich. Er bietet Nahrung, Schutz und Deckung für viele Tierarten, von der Laus über den Marienkäfer bis zu Raupen, Spinnen, Vögeln und Eichhörnchen."
Neugierig untersuchte Tommi den alten Baum. „Toll", murmelte er ehrfurchtsvoll. „Wie viele Tiere wohnen wohl bei dir?"
Er spähte zum Baumwipfel hinauf. Auf dem höchsten Ast saß das Amselpärchen, das seit einigen Jahren sein Nest hier be-

wohnte. Jedes Jahr hatten die beiden bis zu zehn Junge großgezogen. Was war das manchmal für ein lustiges Gezwitscher gewesen! Tommi erinnerte sich noch gut an die ersten Ausflüge der Amselbabys, an ihre ersten unbeholfenen Flügelschläge, das angstvolle Piepsen. Ja, und einmal war eines der Jungen auf den Rasen gefallen. Das war eine Aufregung gewesen! Die Amseleltern hatten so lange geschrien, bis Tommi das Junge vorsichtig wieder in das Nest zurücklegte. Aber was geschah nun mit den Amseln? Würden sie sich einen anderen Nistplatz im Garten suchen? Oder würden sie wegziehen? Und die Schmetterlinge? Die Marienkäfer? Die Hummeln, die im Stamm ihr Nest hatten, und die Blattläuse, die Leibspeise der Käfer. Ohne den Baum würde es sie nicht mehr geben. Vertrieben! Hungrig! Tot! Und nur, weil Vati seinen Frieden mit den Nachbarn wollte. Den Frieden?
„Nein“, rief Tom, „So fängt der Friede nicht an. Nein!“
Er raste ins Haus zurück, zog seinen Vater aus dem Sessel in den Garten. „Da, sieh nur!“ Tommi zeigte auf die Käfer, die den Stamm entlangkrabbelten, auf die Hummeln und auf das Amselpärchen. „Was wird aus ihnen, wenn du den Baum fällst? Werden sie sterben?“
„Hm.“ Nachdenklich betrachtete Tommis Vater die kleine Apfelbaumwelt.
„Ist das der Preis für den Frieden?“ fragte Tommi leise.
Sein Vater schwieg, doch es lag so etwas wie Bewunderung in seinem Bick. „Du gibst nie auf, nicht?“ fragte er.
Tommi grinste.
„Ja, wo fängt der Friede eigentlich an?“ murmelte sein Vater. „Ich weiß es nicht. Der Friede hat einen hohen Preis.“
„Warum? Muß man immer Angst haben, wegen allem und jedem?“
„Nein, du hast recht. Vielleicht sollte man mehr nachdenken.“ Tommis Vater machte eine Denkpause. „Ja“, fuhr er schließlich fort, „überlegen wir uns doch einmal, wie wir es besser machen können, und zwar so, daß die Nachbarn und auch wir zufrieden sind.“
„Ja“, rief Tommi, „und ohne daß man Angst voreinander haben muß.“

Der Vater lächelte. „Richtig! Ohne, daß man Angst haben muß."
Sie dachten lange nach. Dann hatte Tommi eine Idee: „Wir könnten doch den dicken Zweig, der besonders viel Schatten wirft, ein bißchen kürzer sägen. Und im Herbst werde ich drüben beim Nachbarn das welke Laub wegkehren", schlug er vor.
Tommis Vater nickte anerkennend. „Das wäre ein guter Anfang", sagte er. Dann mußte er lachen. „Du Faulpelz willst freiwillig kehren? Du rührst doch sonst nicht den kleinsten Finger, wenn es Arbeit gibt! Oder willst du etwa künftig auch bei uns im Garten Laub kehren?"
Tommi nickte eifrig. „Ja, das werde ich tun. Und das Laub sammle ich zu einem großen Haufen hinten in der Gemüseecke. Da können viele Tiere dann überwintern. Das haben wir nämlich in der Schule gelernt."
Nun lachte sein Vater nicht mehr. „Klingt gut", sagte er, und Tommi glaubte, so etwas wie Stolz in seiner Stimme zu hören. „Dazu kann man ja gar nicht nein sagen. Am besten, wir gehen gleich hinüber zum Nachbarn und unterbreiten ihm unser Friedensangebot."

EB

Igel erfrieren nicht

Kinder finden manchmal im Frühherbst im Garten einen winzigen Igel, den sie voll Mitleid mit ins Haus nehmen. „Ach, der ist ja noch so klein“, sagen sie. „Der überlebt doch den Winter niemals. Er wird verhungern und erfrieren.“
Das aber ist ein großer Irrtum. Wer einen Igel mit in die Wohnung nimmt und ihn dort über den Winter einquartiert, schadet ihm mehr, als er ihm nützt. Der Igel ist ein Wildtier und will im Freien überwintern. Er geht eher im Haus zugrunde als draußen. Selbst tennisballgroße Winzlinge, die oft noch im Oktober nicht mehr als 300 Gramm wiegen, überstehen den Winter besser im Freien. Die Verwöhnung im Haus vermindert ihre Widerstandskräfte und bringt ihnen häufig den Tod.
Die einzigen drei Dinge, die man für den Igel wirklich tun kann, sind:
1. dem Stachelritter eine Wiese zu bieten mit Hecken, Gebüschen, Holzstapeln und Reisighaufen, in denen er sich sein Winterlager einrichten kann;
2. im Herbst Laub und Fallobst liegenzulassen und kein giftiges Pflanzenschutzmittel zu verwenden;
3. den Igel keinesfalls mit Milch zu füttern. Er schleckt sie zwar gerne auf, bekommt aber davon Durchfall oder geht sogar daran zugrunde.
Kurzum, es ist sinnvoll sich an den Spruch zu halten:

Igel wollen draußen sein.
Trag sie nicht ins Haus hinein.
Schleppst du sie mit dir ins Haus,
heißt das für den Igel: Aus! *AS*

Welttierschutztag

Der 4. Oktober 1226 ist der Todestag des heiligen Franz von Assisi. Franz von Assisi schenkte alles, was er besaß, den Armen und zog als Bettelmönch durch seine Heimat Umbrien.

Er gründete den Orden der Franziskaner. Seine besondere Fürsorge galt den Tieren, die er als Gottes Geschöpfe über alles liebte. Die Legende erzählt, daß er sogar mit Tieren sprechen konnte und Predigten für sie hielt.
Da in unserer Zeit immer mehr Tierarten aussterben oder ein Leben in vergifteter Natur, in verseuchten Gewässern oder unter miserabler Tierhaltung (Legebatterein, Haltung in Käfigen usw.) fristen, hat man bereits 1931 den Todestag des Franz von Assisi als Welttierschutztag ernannt. Die Woche um diesen Tag heißt ‚Welttierschutzwoche'.
Es ist sehr wichtig, daß man an die Tiere denkt. Der heilige Franz von Assisi hätte bestimmt jeden Tag im Jahr zum Welttierschutztag ernannt, oder?
Übrigens: Franz von Assisi hat auch die erste Weihnachtskrippe aufgestellt mit Maria, Josef und dem Christkind, mit Hirten und Königen, ja, und mit vielen Tieren . . .

EB

Der Tiger Hinundher

Vor drei Jahren konnte man jenes seltsame Verhalten des einen Tigers zum ersten Mal beobachten.
Er ging plötzlich unruhig im Gehege hin und her, auf und ab, stundenlang, mit gesenktem Kopf. Er knurrte nicht mehr. Er brüllte nicht mehr. Er fraß nicht mehr. Zwischendurch legte er sich auf die Wiese und stierte traurig vor sich hin. Das ging tagelang so. Niemand wußte, was dem Tier fehlte. Wäre nicht eines Vormittags ein kleiner Junge vor das Gehege gekommen, hätte man es wohl nie erfahren.
Der Junge rief: „Schau, Mutti, zwei Tiger, aber bloß ein Baum!" Das hörte der eine Tiger. Er hob den Kopf und knurrte traurig. Das hörte der Tierpfleger, und er sagte es dem Tierparkdirektor. Der ließ schnell einen zweiten Baum einpflanzen. Da war der eine Tiger wieder froh. Er knurrte, brüllte und fraß wieder. Seither bekamen die beiden Tiger alles zweimal in ihr Gehege, zum Beispiel zwei Tigerhöhlen, zwei Löwenzähne und zwei Felsbrocken.

Und trotzdem, seit vorgestern ist es wieder soweit. Der eine Tiger geht unruhig im Gehege hin und her, auf und ab, stundenlang, mit gesenktem Kopf. Er knurrt nicht mehr. Er brüllt nicht mehr. Er frißt nicht mehr. Zwischendurch legt er sich in seine Höhle und stiert traurig vor sich hin. Niemand weiß, was dem Tier fehlt.
Hoffentlich kommen bald wieder ein kleiner Junge oder ein kleines Mädchen vorbei, denen etwas auffällt.

AS

Ein Besuch bei den Wächtern der Erde

Beim Herbstputz entdecken Tina und Tobi auf der Wiese hinter ihrem Haus eine alte Tür. Neugierig zieht Tobi an der Klinke, doch die bewegt sich nicht.
„Hilf mir mal", ruft Tobi Tina zu. „Mal sehen, ob die Tür aufgeht."
„So'n Quatsch", murrt Tina. „Wohin soll die Tür denn aufgehen? In die Erde vielleicht? Hilf mir lieber, die Dosen aufzusammeln, die hier überall herumliegen. Wer die wohl da hingeworfen hat?"
„Nein", ruft Tobi. „Jetzt nicht. Die Tür hat eine richtige Türklinke mit einem Schloß. Komm und faß mit an!"
„Na gut." Brummend macht sich Tina ans Werk und zieht an der verrosteten Klinke. Nichts. Noch einmal. Tina und Tobi ziehen und stöhnen und ächzen, doch die Tür bewegt sich nicht.
„Siehst du", murrt Tina. „Ist nur Abfall. Sonst nichts."
Sie gibt der Klinke einen Tritt, und in dem Moment springt die Tür knarrend auf.
„Sieh nur." Tobi späht durch die Tür. „Da führt eine Treppe hinunter in die Erde."
„Hoho", höhnt Tina. „Zu den Erdmonstern. Hoho." Sie wirft einen neugierigen Blick durch die Tür. Wirklich. Da ist eine Treppe. Aus Steinen gebaut. Sie führt steil in die Erde. „Vielleicht ist da eine alte Höhle", murmelt sie und betritt wie gedankenverloren die Treppe.

„He, paß auf!“ ruft Tobi, doch da ist Tina schon verschwunden, und Tobi bleibt nichts anderes übrig, als seiner Schwester zu folgen. Die Treppe führt tief in die Erde hinunter. Sie scheint kein Ende zu nehmen. Endlich kommen Tina und Tobi in einen steinernen Gang. Der ist breit und kreisrund und vom Licht unzähliger Fackeln erhellt.
„Oh!“ Tina und Tobi staunen. „Das sieht toll aus.“
„Wer mag hier wohnen?“
„Ob es doch Erdmonster gibt?“
Von weither hallt fröhliches Singen und Lachen.
Tina und Tobi lauschen.
„Hörst du es auch?“ flüstert Tobi. „Da singt jemand.“
„Es klingt fröhlich!“
Auf leisen Sohlen schleichen Tina und Tobi den Gang entlang. Das Singen wird laut und lauter, und auf einmal stehen die beiden in einer Höhle mit einer weiten Kuppel, in der Tausende brennender Fackeln stecken.
In der Höhle geht es hoch her. Kleine, wurzelbraune Wesen wuseln wieselflink hin und her. Es sieht aus, als arbeiteten sie geschäftig. Andere sitzen und essen und trinken, wieder andere musizieren und tanzen. Ein schönes Bild.
Vor lauter Vergnügen vergißt Tina, leise zu sein. „Das ist lustig“, ruft sie und klatscht zum Takt der Musik.
Ihr Klatschen hallt wie ein Paukenschlag durch die Höhle. Und wie ein Paukenschlag halten die kleinen Wesen in ihrem bunten Treiben inne. Mit blitzenden Augen starren sie den Eindringlingen entgegen.
„Auweia.“ Tina und Tobi erschrecken, und sie fühlen, wie sie klein und kleiner werden. Und auf einmal sind sie so klein wie die Wurzelwesen in der Höhle.
„Ha-ha-hallo“, stammelt Tobi.
„Seid gegrüßt, Fremde“, sagt eines der Wesen und zieht seine Mütze. „Es ist schon lange her, daß Erdlinge uns besucht haben.“
„We-we-wer seid ihr?“
„Wir sind die Wächter der Erde“, antwortet das Wesen. „Und ich bin König Chen-Wüm-Klü. Wir leben hier und haben acht auf die Erde.“

„Oh“, sagt Tina erleichtert. „Auf die Erde aufpassen? Das ist gut.“
Chen-Wüm-Klü seufzt. „Ja, ja“, murmelt er, „die Menschen tun das leider nicht besonders sorgfältig . . .“
„Und wie paßt ihr auf die Erde auf?“
Chen-Wüm-Klü führt Tina und Tobi in einen Seitengang der Höhle. Dessen Ende ist durch ein großes Gitter verschlossen. Dahinter sitzen Wurmlinge mit grün-gelb-lilafarbenen Gesichtern. Sie sehen gar nicht gesund aus.
„Wer sind die?“ fragt Tobi.
„Das“, sagt Chen-Wüm-Klü, „sind Enürgs, die Wurzelknabberer. Sie richten großen Schaden an, denn sie knabbern alle Wurzeln auf Wiesen und Feldern, in Parks und in Wäldern an. Wir fangen sie ein und dann, hihi . . .“ Chen-Wüm-Klü reibt sich kichernd die kleinen Hände, „. . . ja, und dann müssen sie all den Schmutz aufessen, der durch Regen und giftige Dämpfe in den Boden gelangt.“
„Das ist gut“, meint Tina.
„Sehen die deshalb so grün-gelb-lila aus?“ kichert Tobi.
„Na ja“, meint Chen-Wüm-Klü, „irgendwo muß der Schmutz ja lagern. Doch eine gute Lösung ist das nicht. Wenn ihr Menschen ein bißchen besser aufpassen würdet . . .!“
Tina nickt. „Ich weiß“, sagt sie betreten, „doch was können wir Kinder schon tun?“
„Vieles. Auch Kinder können an die Erde denken. Auch Kinder werden einmal Erwachsene sein . . .! Doch Schluß mit den trüben Gedanken. Heute feiern wir ein Fest. Seid unsre Gäste!“
„Ein Fest?“ ruft Tina. „Au fein.“
Und Tina und Tobi feiern mit ihren neuen Freunden ein fröhliches Höhlenfest. Sie essen Holunderküchlein, Kartoffelkuchen, Beerensuppe und Pilzwürfel und trinken süßen Honigwein. Hm, das schmeckt! Und das Tanzen macht Spaß . . .! Sie singen und tanzen und tanzen und tanzen, bis sie vor Müdigkeit umfallen und einschlafen.

EB

Fröhlicher Herbst

Onkel Nikis Drachentanz

Ulla und Daniel haben ihre Drachen vom Speicher geholt. Morgen soll es windig werden, und Vati will mit ihnen zum Drachensteigen auf die Felder hinausfahren. Die beiden freuen sich darauf. Es macht Spaß, mit der Drachenschnur in den Händen über die Stoppelfelder zu laufen.
„Das sieht toll aus, wenn der Drachen im Wind hin und her schaukelt und immer höher in den Himmel hinaufsteigt", erklärt Ulla Onkel Niki. „Mindestens hundert und noch mehr Meter."
Daniel kichert. „Angeberin. So hoch kann kein Drachen steigen. Und deiner schon gar nicht."
„Kann er doch. Ganz bestimmt", behauptet Ulla.
„Hoho. Höchstens zehn Meter", meint Daniel. „Aber erst mußt du deinen Drachen zum Fliegen bringen. Das ist gar nicht so einfach. Da muß man ganz schön aufpassen."
Onkel Niki nickt. „Ich weiß", sagt er.
„Du?" fragen Ulla und Daniel und sehen Onkel Niki erstaunt an. Sich vorzustellen, daß Onkel Niki auch einmal ein Kind gewesen ist, das über Stoppelfelder toben konnte, ohne Rollstuhl und ohne vom Krieg kaputtgeschossene Beine, fällt ihnen schwer. „Gab es damals denn schon Drachen?" fragt Daniel vorsichtig.
Onkel Niki lacht. „Was glaubt ihr denn? Natürlich hat es damals auch schon Drachen gegeben. Sie waren nur anders, nicht aus Plastik und all dem Zeugs. Nein, selbst gebastelt haben wir unsere Drachen, aus dünnen Holzstäben und Papier und einem langen, lustigen Drachenschwanz."
„Und diese komischen Drachen konnten fliegen?" zweifelt Daniel.
„Und wie? Durch die Luft gesaust sind sie wie kleine Raketen. Wir hatten manchmal Mühe, die Schnur festzuhalten. Was haben wir getobt! Hat Spaß gemacht. Jaja, damals . . ."
Onkel Nikis Stimme wird leise. Er schaut auf die kranken

Beine. Dann gibt er sich einen Ruck und fährt fort: „Einmal allerdings“, begann er mit geheimnisvoller Stimme, „ist mir etwas Merkwürdiges passiert.“

„Etwas Merkwürdiges?“

„Was denn?“

Ulla und Daniel sind neugierig geworden, und Onkel Niki erzählt: „Es geschah auf der Gutswiese. Eigentlich war es verboten, diese Wiese zu betreten, doch an jenem Tag bin ich ohne nachzudenken mit meinem Drachen losgezogen und stand plötzlich auf dem Gutswiesenhügel. Ich weiß heute noch nicht, wie ich dahingekommen war, doch damals dachte ich mir nichts dabei. Ungeduldig wartete ich auf eine Windböe, nahm Anlauf und ließ meinen Drachen los. Der Wind packte den Drachen, und ehe ich mich versah, schaukelte der schon hoch über mir in der Luft. Ich hatte Mühe, das Holzstück mit der Drachenschnur nicht zu verlieren. Krampfhaft hielt ich mich daran fest. Der Drachen trieb mich eilig über die Wiese. Ich rannte und rannte, wollte ich doch meinen kostbaren Drachen nicht dem Wind preisgeben. Der Drachen tobte wild mit mir herum. Irgendwann konnte ich nicht mehr weiterlaufen und blieb erschöpft stehen. Der Drachen zerrte an meinen Armen. Ich wollte die Schnur loslassen, doch wie festgeklebt blieb das Holzstück mit der Schnur in meinen Händen. Ich schrie um Hilfe, doch da war niemand, der mich hören konnte. Was tun? Da kam schon die nächste Windböe. Sie war besonders heftig. Es ruckte und zuckte durch meinen Körper, und auf einmal spürte ich, wie ich den Boden unter den Füßen verlor. Schon schwebte ich über der Wiese, hoch und immer höher, dem Drachen hinterher. Zuerst fürchtete ich mich, und mein Herz klopfte wild. Dann spürte ich, wie der Schmerz in den Armen nachließ. Auch die Müdigkeit war wie weggeblasen. Vorsichtig sah ich mich um. Die Welt unter uns wurde klein und kleiner. Das sah lustig aus. Bald konnte ich die Gutswiese und unser Dorf nicht mehr erkennen. Ich blickte zu meinem Drachen hinauf. Der tanzte fröhlich in der Luft, und es schien, als lachte er mir zu. Ich lachte zurück und machte ein paar vorsichtige Tanzbewegungen. Es klappte gut, und ich wurde immer übermütiger. Bald tanzte ich genauso elegant am Himmel wie mein Drachen. Wir tanzten, lachten um die Wette und freuten uns. Ach, es war herrlich. ‚Juchhu', rief ich. ‚Ich kann fliegen. Juchhu, wie ist das schön!' So tanzten und lachten und freuten wir uns den Wolken entgegen." Onkel Niki macht eine Pause. Er schließt die Augen, lächelt und sieht aus, als würde er gerade mit seinem Drachen über den Himmel tanzen.

Ulla und Daniel staunen.

„Toll", sagt Daniel endlich. „Das möchte ich auch mal!"

„Ich auch!" ruft Ulla. „Aber wie soll das gehen? Man kann doch nicht so einfach losfliegen. Sag, Onkel Niki, hast du wirklich mit deinem Drachen um die Wette getanzt?"

Onkel Niki lächelt versonnen. „Darüber", sagt er schließlich, „habe ich oft nachgedacht. Damals erschien mir alles so wirklich, so echt." „Ja, aber wie ging die Geschichte denn aus?"

„Bist du irgendwann wieder auf den Boden geplumpst?"

„Nun, das war ja das Merkwürdige. Wir sind in die Wolken eingetaucht, und alles war hell und warm und weich um mich herum. Wie Watte. Es war schön, durch diese Kuschelwatte zu schweben, so schön, daß ich für eine Sekunde die Augen schloß. Ja, und als ich die Augen dann wieder öffnete, lag ich doch tatsächlich in meinem Bett. Mitten am hellichten Tage." Onkel Niki schüttelt den Kopf. „Ich sage euch, bis heute verstehe ich das nicht."

„Ganz einfach", sagt Ulla, und ihre Stimme klingt enttäuscht. „Du hast das alles nur geträumt."

„So eine Schummelgeschichte!" murrt Daniel, denn er hat sich schon vorgestellt, wie er morgen mit seinem Drachen über das Land schwebt und Drachentänze tanzt.

„Es war bestimmt kein Traum", versichert Onkel Niki. „Nie hätte es meine Mutter erlaubt, daß ich mich tagsüber einfach so ins Bett lege und träume."

„Hm. Aber was war es dann?"

„Ein Zauber?" schlägt Ulla vor. „Du hast doch gesagt, der Herbst ist ein Zauberer!"

„Vielleicht hat dich eine Drachenhexe verhext?"

„Oder es war ein Zauberdrachen?"

Ulla und Daniel überlegen noch lange, und sie freuen sich

jetzt noch mehr auf morgen. Vielleicht, ja, vielleicht würde ihnen ja auch so etwas Merkwürdiges passieren ...?

EB

Drachensteigen

Die Herbstdrachen müßten eigentlich Papiervögel oder Lachrauten heißen, denn mit den aus Märchen bekannten Drachen oder den Dinosaurierungetümen haben sie doch wohl nichts zu tun. Darunter versteht man nämlich riesige, oft feuerspeiende Monsterechsen. Wie aber kam der Drachen dann dennoch zu seinem furchterregenden Namen?
Dazu muß man wissen, daß das Drachensteigen vor einigen tausend Jahren in China erfunden wurde. Die Chinesen wollten die Flugkunst der Vögel, die sie sehr bewunderten, nachahmen, und sie bastelten deshalb kunstvolle Papiervögel.
Da sich aber nach ihrem Glauben in der Luft, in Gewitterwolken und am Himmel ständig böse Geister herumtrieben, malten sie auf ihre Papiervögel Monsterfratzen, um die Dämonen abzuschrecken. Und so kam der Drachen zu seinem Namen, auch wenn ihm heute die Kinder oft ein lachendes Gesicht aufmalen oder wenn sein Flugkörper nur mit verschiedenen Farbmustern gestaltet ist.
Wenn man einen Drachen allerdings in der Nähe von Hochspannungsleitungen steigen läßt und er sich in den Stromdrähten verfängt, kann man mit entsetzlichen Dämonen Bekanntschaft machen. Ein wahrhaft monströser Stromschlag, gleichsam aus der Luft, tötet denjenigen augenblicklich, der die Drachenschnur hält. Drachen darf man auch nicht in der Nähe von Flugplätzen steigen lassen. Sie könnten sich in den Triebwerken verfangen und das Flugzeug zum Absturz bringen. So gesehen haben die Drachen also doch noch mit wahrhaft dämonischen Bedrohungen zu tun und tragen ihren Namen offenbar durchaus zu Recht.

AS

Ein Drachenbrief

Idar-Oberstein, den 23. September

Guten Tag, liebe Tante Fanny! Lieber Onkel Hermann!

Gestern war noch Sommer, heute hat schon der Herbst begonnen. Er kam auf einem frischen Wind dahergeritten. Gleich bin ich mit Florian auf die Felder zum Drachensteigen gerannt. Unser Drachen hätte beinahe gelacht, als er zum ersten Mal wieder hoch oben im Wind schaukeln durfte.

Florian hat einen Apfelbaum mit saftigen, reifen Äpfeln entdeckt. Er hat sich ein paar gepflückt. Als ich mir auch welche holen wollte, wäre beinahe ein Unglück passiert. Ich hing hoch oben an einem Ast und wollte herunterspringen. Zum Glück habe ich gerade noch rechtzeitig den Stacheldraht unter mir entdeckt. Ui-ui-ui! Das hätte böse ausgehen können! Ich war nämlich barfuß!

Nach unserer kurzen Pause durfte der Drachen wieder fliegen, und unser Hund Bumbo konnte weiter über die Wiesen und Felder jagen. Einige Male hat er ganz laut nach oben gebellt, als wollte er uns zu verstehen geben: „Ich will auch dort oben hinauf und herumfliegen!"

Kennt Ihr schon mein Drachengedicht? Wir haben es in der Schule gelernt. Es geht so:

Wenn der frische Herbstwind weht,
geh' ich auf die Felder,
schicke meinen Drachen hoch,
über alle Wälder.

Und er wackelt mit dem Ohr,
wackelt mit dem Schwanz,
und er tanzt den Wolken vor
einen lustigen Tanz.

Viele Grüße von Bumbo, von unserem Drachen
und von
Florian und Tobias

AS

Die Wolkentraumreise

Heute ist ein schöner Herbstwolkentag. Immer wieder treibt der Wind dicke Wolkengebilde über den Himmel, die für eine Weile die Sonne verdecken. Interessiert sieht Tina dem Wolkenspiel zu.
„Schau", sagt sie. „Die Wolken malen tolle Bilder in den Himmel. Sieht die da nicht aus wie eine Hexe?"
„Quatsch", meint Tobi. „Das ist keine Hexe. Eher ein Drachen."
„Stimmt! Und dahinten kommt ein Märchenschloß mit runden Türmen."
„Und die da vorne", lacht Tobi, „macht ein Griesgramgesicht wie unser Schuldirektor."
Tina kichert. „Ja, wie der Direx sieht sie aus. Hihi."
Aufmerksam blicken Tina und Tobi in den Himmel. Es macht Spaß, in den Wolken Bilder zu suchen. Langsam schweben immer neue Wolkengemälde heran.
„Ein Pferd", ruft Tina auf einmal. „Siehst du? Ein weißes Wolkenpferd. Oh, das möchte ich gerne einmal tun: auf einem Wolkenpferd über den Himmel reiten. Hoch über der Erde. Was man da nicht alles sehen könnte!"
Und Tina fängt an zu singen:

„Auf einem Wolkenpferd reiten
und über das Himmelszelt gleiten,
unten die Erde und oben die Sterne,
und ich mittendrin – das hätte ich gerne."

„Wie sich so eine Wolke wohl anfühlt?" überlegt Tobi. „Kalt oder warm?"
„Bestimmt weich und gemütlich!"
„Oder glitschig naß!"
Tina und Tobi starren in die Wolken. Sie starren und starren, und auf einmal senkt sich Nebel auf sie herab.
Tina und Tobi blinzeln. Was ist los? Wo ist die Sonne geblieben? Wo der Himmel? Und warum fühlen sie sich auf einmal so schwindlig? Als ob sie schweben würden! Ehe sich Tina

und Tobi besinnen können, fühlen sie sich von unsichtbarer Hand emporgehoben und auf einen watteweichen Boden gesetzt. Dann steigt der Nebel mit ihnen himmelaufwärts.
„Huh", schreit Tobi ängstlich. „Wir schweben!"
„Oh!" ruft Tina erschrocken. „Das ist eine Wolke. Wir sitzen wirklich auf einer Wolke!"
„Ja." Tobi klatscht vor Freude in die Hände. „Wir reiten auf deinem Wolkenpferd über den Himmel. Sieh nur, sieh! Die Erde sieht aus wie eine Spielzeuglandschaft."
„Da ist unsere Stadt!"
„Ja, und der Spielplatz! Wie ist er winzig klein!"
„Die Herbstbäume sehen aus wie kleine bunte Farbklekse."
„Und da drüben lassen Kinder Drachen steigen. Dort, auf dem Feld."
Tina und Tobi beugen sich über den Rand der Wolke und können sich nicht satt sehen. Es gibt so viel zu sehen! Furcht haben sie keine mehr. Was könnte es auch Schöneres geben, als über den Himmel zu schweben? Tina und Tobi fühlen sich wohl.
„So könnte ich ewig weiterschweben", murmelt Tina schläfrig. Du auch? Sieh einmal hinauf in die Wolken – an einem Herbstwolkentag!

EB

Kirchweih

In jedem Ort steht eine Kirche, die einmal erbaut und durch den Bischof zum Haus Gottes geweiht wurde. Ihr Geburtstag wird überall am dritten Sonntag im Oktober als großes Herbstfest gefeiert. Dies geschieht zum einen durch einen festlichen Gottesdienst, zum anderen aber durch fröhliches Feiern mit gutem Essen und Trinken, mit Musik, Tanz und Ausgelassenheit. Das Fest dauert vielerorts vier Tage, vom Sonntag bis zum Mittwochabend, wie es auch in einem alten Vers heißt:

Heut ist Kirchweih, morgen ist Kirchweih
bis zum Mittwochabend,
und wenn ich zu meinem Schätzchen komm,
dann sag' ich guten Abend.
Guten Abend, Schätzelein,
kauf mir doch ein Brezelein,
und dazu einen Schoppen Wein,
dann will ich auch recht lustig sein.

AS

Ein Rummelplatzbrief

Geislingen, den 2. Oktober

Hallo, liebe Großeltern!
Bei uns im Park steht seit gestern wieder das hübsche Karussell. Ich habe so lange gebettelt, bis Mama Anni und mich zum Rummelplatz gehen ließ. Wir durften etwas Geld aus unseren Sparkassen nehmen.
Zuerst sind wir beide auf dem Holzpferdchen geritten. Als es sich zu drehen begonnen hat, haben wir unser Karussell-Lied gesungen, ganz laut, daß es jeder gehört hat:

Ki-Ka-Karussell,
dreh dich rundherum und schnell
Pferdchen, Flugzeug, Feuerwehr,
alle laufen hinterher.

Elefant und Eisenbahn
kreisen kreiselschnell heran,
schnell und schneller, schneller, schnell,
und wir Kinder kreischen grell.

Ki-Ka-Karussell,
langsamer geht es, nicht mehr so schnell.
Eine Runde wird es noch drehn . . .
Schade, nun bleibt es stehn.

Anni und Teddybär waren ganz traurig, als die Fahrt zu Ende war. Aber ich habe Anni schnell ein Eis gekauft, da war sie wieder lustig.
Am Abend hat uns Vati versprochen, daß wir am Sonntag noch einmal hingehen.
Liebe Oma, lieber Opa, da müßt Ihr unbedingt mitkommen, dann dürft Ihr auch Karussell fahren.
Es freuen sich ganz wild darauf

Eure Enkelkinder

Anni und Adi

AS

Endlich Kirmes

Endlich waren sie da, die bunten Wagen der Kirmesleute. Schon früh am Morgen herrschte auf der Festwiese geschäftiges Lärmen. Buden wurden aufgebaut, das Karussell mit den witzigen Tierköpfen, die Schiffschaukel und die spiegelblanke Fahrbahn der Boxautos. Es war wie jedes Jahr: Hammerschläge hallten durchs Dorf, Motoren heulten auf, Hunde bellten, und aufgeregte Stimmen schrien einander Befehle zu. Ach, es war herrlich! Endlich waren sie da, die Kirmesleute!
„Hurra", riefen die Kinder im Dorf. „Sie sind da! Endlich!"
„Endlich! " schrien auch Joschi und Dani und sprangen schnell aus ihren Betten.
Gleich nach dem Frühstück rannten Dani und Joschi zur Festwiese. Was gab es da nicht alles zu sehen! Eine andere Welt war es – fremdartig und bunt. Neugierig liefen sie über die Wiese und freuten sich, viele Buden vom Vorjahr wiederzusehen. „Prima", sagte Joschi, „alles ist wie immer."
„Ja", nickte Dani. „Und ich freue mich auf die Boxautos."
„O ja", rief Joschi. „Das wird bestimmt wieder Rempeleien geben!"
Den ganzen Tag trieben sie sich mit ihren Freunden auf dem Festplatz herum, standen hier im Weg, faßten da mal mit an, und beim Karussell verdienten sie sich sogar eine Freikarte. Es war wie immer im Herbst, wenn die Kirmesleute kamen.

Dann aber war doch einiges anders als sonst: „Aushilfe im Stall drei Stunden täglich dringend gesucht!" stand da in dikken Buchstaben an der Kasse des Ponyzirkus.
„Oh", sagte Dani, „die armen Ponys. Hat wohl keiner Zeit für sie. Sollen wir nicht . . .?"
„Ach, Mist", brummelte Joschi. „Ist viel zu dreckig hier." Er zuckte die Schultern und steuerte auf eine schillernd silbern glänzende Bude zu. „Die war noch nie da", rief er. „Sieh nur, hier tritt der INTERGALLAKTISCHE REISENDE auf. Mannomann! Das muß ich mir ansehen."
Dani lachte los. „So'n Quatsch", rief er. „Da sind mir die Ponys lieber." Und während Joschi begeistert die Weltraumbilder des intergallaktischen Reisenden studierte, ging Dani zum Ponystall zurück.
Und dann – endlich – begann die Kirmes. Ja, und Dani hatte wirklich den Job bei den Ponys bekommen. Die Arbeit war hart, doch er mochte die Ponys und brachte seine ganze Zeit im Ponystall zu. Er gab sich große Mühe, half beim Füttern und Striegeln, mistete den Stall aus, und manchmal durfte er die Ponys sogar in der kleinen Manege herumführen. Das gefiel ihm so gut, daß er sogar die Boxautos vergaß. Die Ponys machten viel mehr Spaß, und Geld verdiente er auch noch.
Auch Joschi dachte nicht an die Boxautos. In jeder freien Minute trieb er sich vor der Bude des intergallaktischen Reisenden herum. Schon neunmal hatte er die Weltraum-Show gesehen, und er war jedesmal aufs neue schrecklich aufgeregt, wenn der intergallaktische Reisende von seinen Abenteuern erzählte und geheimnisvolle Wunderdinge vorzauberte, wenn silbern blinkende Roboter zu fremden Klängen tanzten und Sternschnuppen durch den Raum sausten. Joschi war verzaubert, und er dachte an nichts anderes mehr. Wieder und wieder kaufte er eine Eintrittskarte, und irgendwann war auch sein Geld wie weggezaubert.
Dann kam der letzte Kirmestag, und der intergallaktische Reisende kündigte an, vom größten Abenteuer aller Zeiten zu berichten. Und Joschi war pleite! Was war er verzweifelt! Er mußte von diesem größten Abenteuer aller Zeiten hören. Unbedingt! „Gibst du mir zwei Mark?" fragte er Dani.

Dani aber schüttelte den Kopf. „Nein", sagte er.
„Warum nicht? Ach, bitte ...!"
„Nein!" Dani blieb hart. „Ich schufte hier im Stall, und du hockst bei diesem blöden Intergallaktischen herum und tust nichts. Das ist nicht fair."
„Aber dir macht das Ponyhüten doch Spaß!" sagte Joschi leise.
Dani nickte. „Und wie!" rief er. „Außerdem: Einer muß es doch tun! Du wolltest ja nicht ..."
„Mir gefallen sie eben, die Geschichten des Intergallaktischen. Ist das denn so schlimm?"
Da wurde Dani nachdenklich. „Nöö, eigentlich nicht", sagte er zögernd.
„So hat doch jeder Spaß", fuhr Joschi schnell fort.
Noch immer zögernd zog Dani sein Portemonnaie aus der Tasche. „Hier", sagte er, „hast du deine zwei Mark. Ich schenke sie dir, und wenn die Kirmesleute weg sind, erzählst du mir von diesen intergallaktischen Geschichten, okay?"
Joschi nickte und grinste: „Einverstanden. Du ruhst dich von deinem Job aus, und ich erzähle dir alles Neue vom Weltraum. Das ist auch ein ganz schönes Stück Arbeit. Mannomann!"

EB

Oktoberfest

Wenn der Herbst ins Land zieht, beginnt die Natur abzusterben. Der Sommer ist vorbei. Das macht viele Menschen etwas traurig. Um dagegen anzugehen, feiern sie deshalb gern Feste wie das Erntedank- und Kirchweihfest. Das wohl bekannteste Volksfest der Welt ist das Münchner Oktoberfest, das in den letzten beiden Septemberwochen beginnt und am ersten Sonntag im Oktober endet. Die Münchner nennen dieses Fest auch kurz „Wies'n". Dieser Name hat seine eigene Geschichte.
Vor nahezu 200 Jahren heirateten in München Prinz Ludwig, der Sohn des Bayernkönigs, und Prinzessin Therese von

Sachsen-Hilburghausen. Der krönende Abschluß des prunkvollen Hochzeitsfestes war ein Pferderennen auf einer Wiese vor der Stadt. Es fand im Oktober 1810 statt und war ein riesiges Spektakel. Zu Ehren der Prinzessin nannten die Münchner den großen Platz Theresienwiese oder abgekürzt „d' Wies'n".
Da den Leuten das Rennen ausgezeichnet gefallen hatte, wurde es ein Jahr später, am 1. Hochzeitstag, auf der Theresienwiese wiederholt. Und das geschah von da an Jahr für Jahr, wobei es nicht beim Pferderennen blieb. Kleine Buden, an denen man Essen und Trinken kaufen konnte, wurden bald aufgestellt und später auch Karussells und andere Attraktionen.
Heute findet zwar kein Pferderennen mehr statt, dafür aber um so mehr andere Unterhaltungen. So gibt es zum Beispiel Achterbahn, Kettenkarussell, Autoskooter, Geisterbahn und zahllose Schaubuden. Das ist natürlich ein großer Spaß für jung und alt, wenn er auch von Jahr zu Jahr teurer wird.
In den zwei Wochen werden von den Millionen Besuchern Unmengen gegessen und getrunken. Bis zu 5 Millionen Liter Bier fließen durch die durstigen Kehlen. Dazu werden etwa 50 gebratene Ochsen und eine halbe Million Schweinswürstl verzehrt, ganz zu schweigen von den Unmengen von Brathendln, Schweinshaxn und Steckerlfischen. Die Würste bilden aneinandergereiht eine Kette von München bis Ulm, und mit dem Bier ließen sich leicht alle Becken der städtischen Schwimmbäder füllen. Das Oktoberfest besuchen aber nicht nur die Münchner. Aus aller Welt reisen die Menschen an, Japaner ebenso wie Amerikaner, und alle sind von dem schönen Herbstfest hellauf begeistert.

AS

Im Karussell geht's rundherum

Die Schulglocke bimmelt. Es ist zehn Uhr. Die große Pause beginnt. Die Kinder stürzen vergnügt ins Freie.
„Gibst du mir ein Stück von deinem Pausenbrot ab?" fragt

Evi ihre Schwester Uschi. „Ich habe meines zu Hause vergessen."
„Ja, wenn du mich dafür von deiner Limo trinken läßt."
Niki und ein paar Buben und Mädchen stürmen hinüber zum Karussell auf dem Schulhof. Im Nu ist es besetzt. Die anderen Kinder gehen zur Schaukel und an die Rutsche.
Nur in der Ecke steht ein kleines Mädchen. Sie heißt Gitti. Meistens ist Gitti allein. Sie sieht traurig aus. Frau Maier geht zu ihr hin und fragt sie freundlich: „Gitti, warum spielst du nicht mit den anderen Kindern?"
Zuerst gibt Gitti keine Antwort. Sogar ein paar Tränen kullern ihr über die Wangen. Doch dann sagt sie schluchzend: „Die anderen Kinder lassen mich ja nicht." Die Lehrerin will Gitti bei der Hand nehmen, aber die Kleine zieht sie zurück. Nach dem Unterricht winkt die Lehrerin Evi, Uschi und Niki zu sich her und sagt: „Hört mal, ich habe mit euch etwas zu besprechen."
Neugierig drängen sich die drei um Frau Maier. Mit leiser Stimme unterhält sich die Lehrerin mit den Kindern. Die nikken und geben zwischendurch Antwort. Zum Schluß rufen die Kinder begeistert: „Wird gemacht, Frau Maier!" Dann laufen sie fröhlich nach Hause.
Am nächsten Vormittag beginnt die Pause wie immer um zehn Uhr. Johlend rennen die Schüler auf den Hof. Sie laufen herum, machen lustige Spiele und essen ihr Brot. Nur Gitti steht wieder alleine in der Ecke und schaut den anderen tatenlos zu. Da geht Evi zu ihr und sagt: „Hast du Lust, mit mir zu schaukeln? Woll'n wir ausprobieren, wer höher kommt?"
Zögernd geht Gitti mit. Ängstlich setzt sie sich in eine der Schaukeln. Evi schaukelt schon hin und her, erst langsam, dann immer wilder. Auch Gitti strengt sich an. Und schließlich schaukelt sie sogar höher als Evi. Sie fängt an zu lachen und ruft begeistert: „Das gefällt mir! Schau, ich bin sogar höher als du! Das macht Spaß!"
Prima!" ruft Evi anerkennend. „Du kannst heute wirklich besser schaukeln als ich! Los! Und jetzt zur Rutsche hinüber", schlägt sie vor.
„Aber da sind doch schon so viele Kinder", wendet Gitti schüchtern ein.

„Macht doch nichts“, entgegnet Evi unbekümmert. „Paß auf, wir kriegen schon einen Platz.“ Sie nimmt Gitti an die Hand und zieht sie zur Rutsche hinüber. Endlich sind die beiden an der Reihe. Evi läßt Gitti den Vortritt, rutscht aber gleich hinterher. Unten stoßen die beiden zusammen. Evi plumpst auf den Po.
„Das sieht lustig aus, wie du jetzt dasitzt“, kichert Gitti.
„Auweia“, stöhnt Evi und reibt sich ihr Hinterteil, „ich bin wohl etwas zu toll gerutscht!“
„He, ihr zwei!“ rufen Uschi und Niki. „Im Karussell sind noch zwei Plätze frei! Wollt ihr nicht mitfahren?“
Bevor Gitti etwas sagen kann, packt Evi sie bei der Hand und zieht sie zum Karussell hin. Schon setzen sich beide Mädchen auf die freien Plätze, und es geht los, immer rundherum.
Die Kinder quietschen vor Vergnügen. Frau Maier sieht ihnen lachend zu. „Na, gefällt's euch?“ erkundigt sie sich.
Gitti ruft begeistert zurück: „Und wie! Das ist einfach toll!“
Nach der Pause fragt Gitti: „Du, Evi, spielst du morgen wieder in der Pause mit mir?“
„Natürlich“, stimmt Evi zu, „mit dir macht es großen Spaß.“
Seit diesem Tag steht Gitti in der Pause nicht mehr alleine in der Ecke. Evi und Uschi sind ihre besten Freundinnen geworden. Und Niki ist ihr bester Freund. Und immer fallen den dreien neue, schöne Spiele ein. Am liebsten aber schaukeln Evi und Gitti um die Wette und gleiten die Rutsche hinab. Am allertollsten aber finden sie es, auf dem Karussell zu fahren, rundherum, immer rundherum ...

AS

Jans erster Freund

Jans erster Freund hier in Deutschland ist Kerli. Kerli weiß schon fast alles über Jan: wie er mit seinen Eltern aus Rumänien geflohen ist, wie er in diese Stadt gekommen ist und warum Jan eine fremde Sprache spricht. Das alles hat Jan Kerli erzählt, und der hat es gut verstanden, trotz der fremden

Sprache. Kerli ist nämlich ein Hund, ein zotteliger, gemütlicher Hirtenhund, den alle im Stadtviertel kennen und mögen. Kerli macht seine Spaziergänge immer alleine. Jeden Tag trottet er durch die Talstraße über den Markt zum Spielplatz. Dort findet er meist jemanden zum Spielen. Kerli spielt nämlich schrecklich gerne Ball, und am liebsten natürlich mit Kindern. Jan spielt auch gerne Ball, und am liebsten natürlich auch mit Kindern, und am allerliebsten würde er mit Kerli und den Kindern hier auf dem Spielplatz Ball spielen. Ja, das würde er am allerliebsten tun, aber er traut sich nicht. „Ich spreche so schlecht ‚deutsch'", erklärt er Kerli, „und dann sagen sie bestimmt ‚dummer Ausländer' zu mir . . ."
So sitzt Jan alleine auf der Mauer hinter dem Spielplatz, sieht den anderen Kindern beim Spielen zu und ist traurig. Und wenn Kerli vom Ballspielen müde ist, legt er sich zu Jan und leistet ihm Gesellschaft beim Traurigsein. „Weißt du, Kerli", sagt Jan, „eigentlich verstehe ich alles, denn meine Großeltern haben daheim immer ‚deutsch' gesprochen. Wenn ich es doch nur auch sprechen könnte . . .! Wenigstens du verstehst mich – und dabei kannst du ja auch nicht sprechen. Komisch, nicht?"
Ja, das ist komisch. Kerli sieht Jan mit großen Augen an, und da muß Jan doch lachen.
So geht das eine ganze Weile. Jan wohnt nun schon drei Wochen hier, und noch immer sieht er den Kindern beim Spielen zu. Und dabei würde er so gerne mitspielen! Jan seufzt. ‚Ach, wenn ich doch nur . . .', denkt er. Doch was ist das? Da kommt ja Kerli angesaust! Er hat den Ball im Maul.
„Kerli", schreien die Kinder. „Kerliii! Komm zurück!"
Kerli denkt gar nicht daran. Wie der Blitz rast er zu Jan.
„Kerliiii!!!!"
„Ja, Kerli", sagt Jan, „hörst du sie nicht rufen? Los, lauf zurück! Bring ihnen den Ball!"
Kerli sieht Jan mit großen Augen an. Dann läßt er den Ball fallen, genau vor Jans Füße. Unentschlossen sieht Jan auf den Ball. Ob er . . .? Da läuft Kerli auch schon ein paar Meter zurück, dreht sich um und sieht Jan an, als wolle er sagen: ‚Los, wirf doch!'

„Los, wirf doch!“ ruft da eines der Kinder vom Spielplatz. Jan zögert. Ob die ihn meinen?
„Na, los!“ ruft es schon wieder. „Oder magst du nicht mitspielen?“
Jan sieht noch einmal zu den Kindern, die dastehen und warten, auf ihn, auf sein Spiel! „Ja“, ruft er dann zurück, „aber jaaaaa.“ Er nimmt den Ball und wirft ihn, so weit er kann, den Kindern zu. Kerli saust wie eine Rakete hinterher.
„Guter Wurf“, ruft eines der Kinder, und schon kommen der Ball und Kerli wieder zu Jan zurück. Schnell gibt Jan ab, und auch Kerli rast wieder los, dem Ball hinterher, zum Spielplatz, und Jan folgt ihm mit klopfendem Herzen.

EB

Wo ist mein Auto?

Onkel Peter ist schon seit drei Tagen zu Besuch. Am Nachmittag macht er Evi und Niki einen Vorschlag: „Wollt ihr mit mir im Auto in die Stadt fahren?“
„Natürlich wollen wir mit“, rufen Evi und Niki begeistert. Drei Minuten später sitzen sie schon im Auto. Wie immer ist es in der Stadt sehr schwer, einen Parkplatz zu finden. „Zum Kuckuck“, schimpft Onkel Peter, „überall stehen parkende Autos!“
„Fahr doch einfach in die Parkgarage“, rät Niki.
„Wird mir nichts anderes übrigbleiben“, brummt Onkel Peter. Vor dem Autofahrstuhl bremst der Wagen. Das Stoppschild hebt sich, und das Auto rollt in die Kabine. Mit Geklingel fährt der Fahrstuhl in den zweiten Stock. Dort hält er. Das Auto fährt heraus. Onkel Peter bekommt einen Parkschein und den Parkplatz Nummer 2 zugewiesen. Er fährt auf die drehbare Parkscheibe und parkt ein.
„Von hier oben kann man über die ganze Stadt sehen“, meint Evi, während der Personenfahrstuhl wieder nach unten fährt.
„Ich gehe jetzt zum Friseur. Und was macht ihr?“ fragt Onkel Peter.

„Wir bummeln solange“, antworten die Kinder. „Vielleicht sehen wir das Feuerwehrauto oder den Polizeiwagen.“
Nach einer Stunde treffen sich die drei wieder vor der Garage und steigen in den Fahrstuhl ein.
„Ich will den Knopf drücken“, quält Niki.
„Klar“, sagt Onkel Peter, und Niki drückt auf den Aufzugsknopf.
„Du liebe Zeit“, ruft Evi, „unser Auto ist weg. Jemand hat es gestohlen!“ – „Hilfe, Polizei!“ Niki rennt zum Fahrstuhl zurück und schreit von oben auf die Straße: „Unser Auto ist gestohlen worden.“ – „Halt! Halt, Niki!“ ruft Onkel Peter lachend. „Wir sind hier im ersten Stock, du hast nur den falschen Knopf gedrückt!“ Niki langt sich an den Kopf: „Ach, wir müssen ja in den zweiten Stock.“ Onkel Peter, Evi und Niki steigen wieder in den Personenaufzug und fahren in den zweiten Stock hinauf.
„Aber hier ist es ja auch nicht“, bemerkt Niki entsetzt, als sie im zweiten Stock aussteigen. Der Parkplatz ist leer.
„Wo ist mein Auto?“ fragt Onkel Peter zuerst entgeistert. „Aber“, sagt er dann ganz ruhig, „zum Glück kann ich ja zaubern.“
Evi meint: „Mach doch keine Witze, Onkel Peter. Du kannst doch nicht zaubern.“
„Hokuspokusfidibus!!! Ich will, daß mein Auto bei euch zu Hause steht!“ ruft Onkel Peter.
Niki schaut ihn ungläubig an. Und Evi schüttelt den Kopf.
„Ihr werdet schon sehen“, meint der Onkel geheimnisvoll. „Kommt, wir fahren mit dem Bus heim.“
Als sie vor dem Haus stehen, seufzt Evi: „Siehst du, du hast das Auto doch nicht herzaubern können. Es ist nirgends zu sehen!“
„Einen Augenblick bitte“, murmelt der Onkel. Schnell geht er zur Garage und schiebt das Tor nach oben.
„Tatsächlich“, staunen die Kinder, „da steht ja das Auto!“ Sie stürzen sofort ins Haus. „Papa! Mama!“ rufen sie aufgeregt durcheinander, „Onkel Peter kann zaubern!“
„Aber nein, Kinder. Onkel Peter kann natürlich nicht richtig zaubern“, enthüllt Mama das Geheimnis, „er hat nur so getan.“

„Ja“, gesteht der Onkel den erstaunten Kindern, „beim Friseur habe ich euren Papa getroffen. Dort habe ich ihm den Parkschein und den Autoschlüssel gegeben, weil er schnell nach Hause mußte. Ich habe nur so getan, als ob ich von nichts wüßte, versteht ihr?“
„Na warte, Onkel Peter“, rufen Evi und Niki entrüstet. „Jetzt kitzeln wir dich dafür so lange, bis du uns für diesen Schabernack um Verzeihung bittest!“
„Gnade“, ruft Onkel Peter lachend. Doch die Kinder fallen über ihren Onkel her und kitzeln ihn am Bauch, am Hals und überall. Mama und Papa schauen vergnügt dabei zu.

AS

Die Tiere im Kino

Die Gazellen kamen aus der Stadt zurück und lachten in einem fort. Die Giraffen, die Pfauen, die Antilopen und die Strauße guckten verwundert. Das merkten die Gazellen, und sie riefen: „Wir haben uns gerade die Zwei-Uhr-Vorstellung des Films ‚Dick und Doof im Urwald‘ angesehen. Der Film ist eine Wucht. Den müßt ihr euch unbedingt anschauen. Wenn ihr euch beeilt, kommt ihr noch zur Vorstellung um 4 Uhr zurecht.“
Die Giraffen, die Pfauen, die Antilopen und die Strauße machten sich sofort auf den Weg in die Stadt. Im Kinosaal war es schon dunkel. Der Film hatte bereits begonnen. Schnell huschten die Tiere in die erste Reihe, denn sonst war kein Platz mehr frei.
Ein Herr und eine Dame, die hinter den Giraffen saßen, flüsterten verärgert: „He, sie drei da vor uns, sie sind wohl kurzsichtig. Ziehen sie bitte ihre langen Hälse ein und kaufen sie sich eine Brille.“
Eine Gruppe junger Burschen, die hinter den radschlagenden Pfauen saßen, zischten böse: „Ihr zwei alten Schachteln, nehmt sofort eure Hüte ab. Mit solchen Wagenrädern, wie ihr sie auf dem Kopf habt, geht man doch nicht ins Kino.“
Hinter den Antilopen saß eine Frau. Sie murmelte: „Meine

Herren, ihre langen Bratspieße auf dem Hut stören mich gewaltig."
Die Kinder hinter den Straußen knurrten: „Immer diese Weiber mit ihren dicken Pelzen und ihren langen Hälsen. So ein Mist, wir sehen ja nichts."
Die Giraffen, die Pfauen, die Antilopen und die Strauße waren so begeistert von dem Film „Dick und Doof im Urwald", daß sie gar nicht hinhörten, wie die Leute hinter ihnen schimpften.
Als sie in die Wildnis zurückkamen, erzählten sie den Eisbären, den Nilpferden und den Krokodilen: „Ihr müßt euch unbedingt den Film ‚Dick und Doof im Urwald' ansehen. Das ist ein Riesenspaß." Die Eisbären, die Nilpferde und die Krokodile gingen sofort los, denn sie wollten noch rechtzeitig zur Vorstellung um 6 Uhr ankommen.

AS

Die drei Gartenzwerge und das Verkehrszeichen

Es waren einmal drei Gartenzwerge. Die machten gerne Musik. Der erste spielte Ziehharmonika, der zweite zupfte die Gitarre, und der dritte blies auf der Trompete. Sie spielten sehr laut. Aber warum mußten sie das ausgerechnet vor einem Verkehrszeichen tun? Die Antwort ist einfach: Weil es ihnen gerade hier besonders gut gefiel.
Da kam ein Polizist und sagte: „Meine Herren, hier ist es verboten zu musizieren. An diesem Schild darf niemand halten. Sie stehen nämlich im eingeschränkten Halteverbot. Ich muß sie bestrafen. Zahlen sie sofort zehn Mark."
Da sagte der erste Gartenzwerg: „Wir haben kein Geld." Da sagte der zweite Gartenzwerg: „Und wenn wir welches hätten, würden wir trotzdem nichts bezahlen." Da sagte der dritte Gartenzwerg: „Und außerdem spielen wir hier so lange, wie es uns gefällt."
Da sagte der Polizist: „Dann muß ich sie leider verhaften.

Bitte folgen sie mir unauffällig." Die drei Gartenzwerge folgten ihm, aber nicht unauffällig, sondern sie spielten besonders laut. Als sie im Polizeirevier angekommen waren, wurden sie in eine Zelle eingesperrt. Aber sie spielten so laut, und zwar Tag und Nacht, daß sie der Polizist lieber mit zu sich nach Hause nahm und hinten in seinen Garten stellte. Dort gefiel es den Gartenzwergen recht gut, und sie spielten etwas leiser.

In den nächsten Tagen sah man noch viele andere Gartenzwerge an eingeschränkten Halteverbotsschildern musizieren. Andere Polizisten nahmen sie fest, weil sie nicht zahlen konnten oder wollten, und sperrten sie ein. Weil sie so laut im Gefängnis spielten, mußten sie schließlich von den Polizisten in ihre Gärten gebracht werden, wo sie noch heute stehen.

Wenn du also einmal einen Garten siehst, in dem drei oder mehr Gartenzwerge musizieren mit Ziehharmonika, Gitarre und Trompete, dann wohnt da höchstwahrscheinlich ein Polizist, manchmal auch Verwandte oder Bekannte von ihm, denen er die drei Gartenzwerge ausgeliehen hat.

AS

Halloween, das Herbstgeisterfest

Am letzten Oktobertag feiern die Kinder in England und Nordamerika ein ganz besonderes Fest, das ‚Halloween'-Fest. Sie verkleiden sich am Abend als gruselige Hexen und Gespenster, spuken durch die Straßen und klingeln die Leute aus ihren Häusern heraus. Es geht dabei recht wild und laut zu, und erst gegen eine ‚kleine, süße Gabe' lassen diese Halloween-Herbstgeister von ihren Spukereien und Lausbübereien ab. Sie ziehen zum nächsten Haus, und da geht das wilde Spektakel dann von neuem los. Mancherorts werden auch Maskenwettbewerbe, Gespensterfeste und Umzüge veranstaltet. Die Kinder freuen sich sehr auf dieses Fest, und schon lange zuvor denken sie sich ihre Masken und Kostüme aus.

Halloween ist schon ein sehr altes Fest. Es wurde von den germanischen Druiden gefeiert als Ernte- und Dankfest. Später glaubten die Menschen, daß diese Nacht vor Allerheiligen die ‚Nacht des Bösen' sei, in der Hexen und Geister, durch eine finstere Macht von ihren Flüchen erlöst, auf der Erde herumspuken und ihr Unwesen treiben. Die Menschen fürchteten diese Nacht sehr, und weil sie glaubten, die Geister durch Feuer und Lärm zu vertreiben, versammelten sie sich am Feuer, erzählten sich Geistergeschichten und veranstalteten dabei einen Höllenlärm.

EB

Alltäglicher Herbst

Onkel Niki Morgenmuffel

Onkel Niki ist der liebste Onkel auf der Welt. Darin sind sich Ulla und Daniel und auch Mutti und Vati einig. Nur morgens, ja, morgens, da ist es so eine Sache mit Onkel Niki.
„Es ist, als ob er ein anderer ist", sagt Daniel immer.
Ulla nickt. „Ja, ein griesgrämiger und knurriger . . ."
„. . . ein stinkstiefeliger und brummiger . . ."
„. . . ein morgenmuffeliger Onkel Niki."
Am besten, man läßt Onkel Niki morgens ganz in Ruhe und spricht ihn erst an, wenn die Fältchen um seine Augen zu lachen beginnen. Dann nämlich ist die Morgenmuffelei für heute vorbei.
„Ob das mit dem Morgenmuffeln eine Krankheit ist?" fragt Daniel. Vati zuckt mit den Schultern. „Keine Ahnung. Auf jeden Fall ist es eine kurze Krankheit, die nur ein kleines Stück vom Tag dauert."
„Uih", meint Ulla. „Gut, daß Onkel Niki kein Ganz-Tag-Muffel ist. Bestimmt würde er uns da nämlich keine Geschichten erzählen."
„Ja", sagt Daniel, „da haben wir ja noch richtig Glück mit Onkel Niki und seiner Morgenmuffelkrankheit."
Und vorsichtshalber halten sich Ulla und Daniel morgens von Onkel Niki fern. Es könnte ja doch eine Krankheit sein, und vielleicht eine ansteckende noch dazu . . ."

EB

Woher die Wochentage ihre Namen haben

In alter Zeit wurden die Wochentage nach den Göttern der sieben alten Planeten benannt. Zu ihnen zählten auch Sonne und Mond.
Der erste Tag einer jeden Woche, der Sonntag, hat seinen Namen von dem römischen Sonnengott Sol.

Der Montag ist der zweite Tag der Woche. Er erinnert uns an den Mondgott.
Der Dienstag, der dritte Tag, ist nach dem römischen Gott „Mars Thingsus“ benannt. Übersetzt bedeutet das der Thingbeschützer, also der Wächter über den Gerichtsplatz. Dienstag läßt uns auch an den Himmels- und Kriegsgott der Germanen denken, an Ziu.
Der vierte Wochentag hieß früher Wondstag, da er nach dem obersten Germanengott Wotan benannt war. Dieser Name wurde später von der Kirche in Mittwoch, also in Mitte der Woche, abgeändert. Auf diese Weise sollte die Erinnerung an den heidnischen Gott Wotan ausgelöscht werden.
Der Name des fünften Wochentages Donnerstag läßt uns an den germanischen Donnergott Donar denken, und der Freitag hat seinen Namen nach Freia, der Gemahlin des Wotan, erhalten.
Der siebte und letzte Tag der Woche, der Samstag, wird oft auch als Sonnabend bezeichnet. Damit ist der Vorabend vor dem Sonntag gemeint. Der Name Samstag leitet sich vom Sabbat, dem Ruhetag der Juden, her.
Und woher kommt der Name „Woche“? Er stammt von dem alten Wort „wiko“ ab. Das bedeutet: immer wieder kommende Reihenfolge. Die Woche ist tatsächlich ein Zeitabschnitt, der sich ständig wiederholt, und zwar in einem jeden Jahr 52mal.

AS

Michas Vater

„Mein Papa hat ein neues Auto“, erzählt Daniel stolz. „Einen Jaguar. Der fährt über 200 km schnell.“
„Oh!“ Daniels Freunde staunen. Ein Jaguar! Das ist ein tolles Auto.
„Mein Papa hat zwei Autos“, ruft Jan.
„Und meiner kauft uns ein richtiges Segelboot“, verkündet Timo. „Da segeln wir im Urlaub weit übers Meer.“
„Mein Vater hat ein Fahrrad“, sagt Micha.

„Wir fliegen im Urlaub nach Amerika“, prahlt Daniel. „Toll. Und wir fahren nach Griechenland“, erzählt Jan. „Aber übers Meer segeln ist auch nicht dumm, oder?“ meint Timo. Die Freunde sind sich einig. Sie sind mächtig stolz auf ihre Väter.
„Und du?“ fragt Daniel und klopft Micha auf die Schultern. „Fahrt ihr auch in Urlaub?“
Micha schüttelt den Kopf. „Nöö“, meint er dann. „Aber wir fahren jeden Tag mit dem Fahrrad zum Schwimmen oder zum Angeln oder in den Wald oder zum Spielplatz, und dann erzählt mir mein Vater immer viele Geschichten.“
„Oh.“ Daniel. Jan und Timo staunen. Ihre Väter haben keine Zeit zum Fahrradfahren und Angeln und Schwimmen und Geschichtenerzählen. Ihre Väter kommen nämlich erst von der Arbeit nach Hause, wenn Daniel, Jan und Timo längst schlafen.
Michas Vater hat keine Arbeit und keinen Jaguar und kein Segelboot, und seine teure Urlaubsreise kann er auch nicht bezahlen. Aber er ist immer daheim und hat viel Zeit für Micha. Fast neidisch blicken sie auf Micha in den alten, zerschlissenen Jeans, dem geflickten T-Shirt und den eingerissenen Turnschuhen.

EB

Der kleine Herr Zank macht einen Herbstspaziergang

An einem schönen Sonnentag machte sich der kleine Herr Zank auf den Weg zu einem gemütlichen Herbstspaziergang. Seit Tagen war er nicht mehr aus seiner Wohnung gekommen. Er hatte auch keinen Besuch gehabt, und das Telefon hatte auch nicht geläutet. Der kleine Herr Zank war unruhig geworden. So viele Tage ohne Zank und Streit!
„Zankemal allemal – kolossal“, brummte er zänkisch. „Das ist ja nicht zum Aushalten! Irgend jemanden zum Streiten muß ich heute finden. Man wird ja sonst ganz verrückt!“

Er zog sich Hut und Mantel an, verließ seine Wohnung und machte sich auf die Suche nach einem Streit. Er trat aus der Haustür und blinzelte in die Sonne. „Motzblitz! Was für ein schöner Herbsttag", brummt er. „Viel zu schön zum Streiten!"
Weil er wegen der Sonne aber so arg blinzeln mußte, stolperte er über Fippi, den Dackel der Hausmeistersfrau. Fippi heulte auf, und die Hausmeistersfrau schrie: „Können Sie nicht aufpassen, Sie Flegel?"
„Dumme Kuh", brüllte der kleine Herr Zank zurück.
Da wurde die Hausmeistersfrau hellrot im Gesicht, und sie begann, sich gewaltig zu ärgern. So etwas aber auch ...
Der kleine Herr Zank merkte das nicht. Er beugte sich zu Fippi hinunter und kraulte ihn hinter den Ohren. „Tut mir leid, Fippi", flüsterte er. Dann spazierte er weiter. Und weil er sich in der Sonne so wohl fühlte, begann er, vor sich hinzupfeifen. Er pfiff und trillerte und vergaß vor lauter Pfeifen, die Nachbarsdamen Müllenke und Edel zu grüßen.
„Ein schrecklich unhöflicher Mensch", knurrte Frau Edel mürrisch. Frau Müllenke zuckte mit den Achseln. „Sonst ist er eigentlich ganz nett", sagte sie, und ihre Stimme klang schnippisch, weil sie sich über das ewige Meckern von Frau Edel ärgerte. „Sie sollten Ihr böses Lästermaul im Zaum halten!"
Das saß. Frau Edel aber meckerte nun noch mehr und noch lauter: über den kleinen Herrn Zank, über Frau Müllenke und überhaupt. Wo sie es doch immer sooo gut mit allen meinte!
Der kleine Herr Zank schlenderte unterdessen ahnungslos weiter. Der Tag gefiel ihm immer besser, und er begann, sein Lieblings-Gute-Laune-Lied zu singen: „Trink, trink, Brüderlein, trink! Laß deine Sorgen zu Haus ..." Er sang und drehte sich tanzend im Kreis. „Trink, trink, Brüderlein, eins, zwei drei ..." Und eins, zwei, drei, kam Herr Trinkgern aus seinem Garten geeilt. Er faßte den kleinen Herrn Zank an den Händen, und dann tanzten sie einen Walzer über den Bürgersteig. Und sie sangen: „Trink, trink, Brüderlein, trink ...!"
Da erschien Frau Trinkgern am Fenster, und ihre Stimme

klang überhaupt nicht fröhlich: „Du bist ja betrunken", rief sie böse. „Mach, daß du hereinkommst! Was sollen die Leute nur denken? Du alte Saufnase, du!" Sie schrie und schimpfte, und der arme Herr Trinkgern konnte nicht zu Wort kommen und sagen, daß er doch nur ein bißchen fröhlich war und nichts weiter. Wie weggeblasen war seine gute Laune. Er fing an, mit seiner Frau herumzustreiten.
Der kleine Herr Zank zuckte mit den Achseln und spazierte weiter. „Welch schöner Tag!" murmelte er und hatte immer weniger Lust, Streit zu suchen. Gemütlich schlenderte er die Straße hinunter und genoß die Sonnenstrahlen.
Da sah er auf der anderen Seite ein altes Mütterchen mit zwei schweren Einkaufstaschen. „Das kann man ja nicht mit ansehen!" rief der kleine Herr Zank, und ohne nach rechts und links zu sehen, rannte er über die Straße.
„Krrrschschsch ..." Bremsen kreischten auf, und ein Laster konnte gerade noch vor dem kleinen Herrn Zank anhalten. „Du Idiot", schrie der Lasterfahrer und tippte sich an die Stirn. „Kannst du nicht aufpasssen?"
Der kleine Herr Zank erschrak. So etwas auch. Hatte er doch tatsächlich vergessen, auf den Verkehr zu achten! „Ich bitte, meine Unachtsamkeit zu entschuldigen", sagte er höflich und lüftete seinen Hut. „Es wird bestimmt nicht wieder vorkommen."
„Spinner", knurrte der Lasterfahrer und fuhr kopfschüttelnd weiter. Der kleine Herr Zank aber eilte mit zitternden Knien weiter zu der alten Dame.
„Gestatten Sie, daß ich Ihnen diese schwere Last abnehme?" fragte er, und ehe die alte Dame antworten konnte, nahm er ihr die Taschen ab.
„Hilfe, ein Dieb", rief da die alte Dame erschreckt. „Zu Hilfe!" Sie schrie so laut, daß alle Leute ihre Köpfe aus den Fenstern streckten. Schon kamen Helfer von allen Seiten herbeigeeilt. Zwei kräftige Männer packten den kleinen Herrn Zank und rissen ihm die Taschen aus den Händen. Der kleine Herr Zank wußte nicht, was ihm geschah. Wo kamen die vielen Menschen her, die ihn mit finsteren Mienen umringten? Und warum schrie die alte Dame so laut? Er war doch kein

Dieb! Er öffnete den Mund, wollte etwas sagen, doch die Leute schrien in einem fort: ‚Dieb' und ‚Lumpengesindel' und ‚Polizei'. Erst als Polizeimeister Imfroh herbeigeeilt kam, konnte der kleine Herr Zank erklären, daß er doch nur hilfsbereit sein wollte. Und weil Herr Imfroh den kleinen Herrn Zank vom Schachklub her kannte, glaubte er ihm die Geschichte. Die Leute aber machten mißtrauische Gesichter. „Das kann jeder sagen", brummten sie. „Eine Ausrede ist das!" Und einige fuhren fort, den kleinen Herrn Zank zu beschimpfen. Andere wiederum riefen: „Er sagt die Wahrheit! Wo es doch heutzutage sowenig Hilfsbereitschaft gibt!" Zum Schluß wußte keiner mehr, was er eigentlich glauben sollte. Die einen riefen dies, die anderen das, und schon war eine riesengroße Streiterei im Gange.

Der kleine Herr Zank aber machte sich schnell auf den Heimweg. Der Schreck saß ihm in den Gliedern, und er wollte nur noch nach Hause. Der schöne Herbsttag interessierte ihn nicht mehr, und Streit mochte er auch nicht mehr suchen. „Morgen vielleicht!" murmelte er und trottete heim.

Unterwegs traf er das Ehepaar Trinkgern, das immer noch am Zanken war. Der kleine Herr Zank wunderte sich ein bißchen, zog den Hut zum Gruß und ging weiter. Er begegnete den Damen Müllenke und Edel, und, komisch, die stritten auch miteinander. Der kleine Herr Zank grüßte, doch die beiden Damen musterten ihn böse und drehten ihm den Rücken zu. Auch die Hausmeistersfrau schien keine Lust zu haben, seinen Gruß zu erwidern. Nur Fippi lief ihm schwanzwedelnd entgegen.

„Wenigstens einer, der sich freut", dachte der kleine Herr Zank und schüttelte verwundert den Kopf. Warum waren die Leute so zänkisch und unfreundlich? An so einem schönen Tag! „Komisch", brummelte er. „Zankemal allemal kolossal? Ts! Wo ich heute doch gar keinen Streit gesucht habe!"

Und noch immer kopfschüttelnd kehrte der kleine Herr Zank in seine Wohnung zurück.

EB

Die Kinder und die Autos

Es waren einmal Kinder, die hatten in der Schule Verkehrsunterricht. Die Lehrerin ermahnte sie: „Gebt auf der Straße besonders acht! Es ist dort nämlich sehr gefährlich. Viele Autos fahren dort zu schnell. Wenn ihr nicht aufpaßt, kommt ihr unter die Räder, und das kann euch das Leben kosten.
Als die Kinder das hörten, waren sie sehr beunruhigt. Ein Mädchen namens Susi hatte aber Freunde im Land der Riesen. Die rief sie an und bat sie: „Kommt einmal alle her in unser Land!"
Die Riesen kamen und fragten: „Susi, was ist los?" Das Mädchen erzählte ihnen: „Auf unseren Straßen fahren viele Autos. Sie bedrohen alle Fußgänger, aber besonders uns Kinder. Viele von uns mußten schon auf den Straßen sterben."
Die Riesen schüttelten ungläubig die Köpfe und sagten: „Das verstehen wir nicht, daß die Autofahrer nicht auf die Fußgänger achtgeben wollen. Wir werden uns das einmal anschauen." Die Riesen tappten also auf die Straßen und natürlich, wie sollte es auch anders sein, zertraten sie die Autos haufenweise, als sie über die Fahrbahnen gingen.
Die Autofahrer waren entsetzt. Jeden Tag konnte man in den Zeitungen lesen: „Gestern wieder ein Auto von einem Fußgänger zertreten. Der Lenker des Wagens schwer verletzt im Krankenhaus." Im Fernsehen wurden die Autofahrer fast jeden Abend ermahnt: „Geben sie auf der Straße besonders acht. Es ist dort nämlich sehr gefährlich. Viele Fußgänger mit großen Füßen laufen über die Fahrbahnen. Wenn sie nicht aufpassen, kommen sie unter die Sohlen, und das kann Ihnen das Leben kosten."
Seither fuhren die Autos besonders vorsichtig. Kaum ein Kind kam mehr unter die Räder, auch wenn es einmal unachtsam war. Und die Riesen spazierten kreuz und quer über die Straßen, manchmal in München oder in Hamburg oder anderswo. Und zwischendurch zertraten sie leider auch mal ein Auto, obwohl sie wirklich aufpaßten, daß das nicht geschah, ehrlich!

AS

Das rasende Skateboard

Die Klingel tönt, das große Schultor fliegt auf, und die wilde Rasselbande erlöster Schüler drängt lärmend und tobend zum Tor hinaus. Der Turnunterricht am Nachmittag ist zu Ende. Mitten in diese übermütige Kinderschar sind Onkel Janosch und seine Freunde hineingeraten. „Die achten ja gar nicht auf den Straßenverkehr!“ ruft Micki empört.
Micki hat recht. Einige rennen quer über die Straße, ohne nach links oder rechts zu schauen, andere sausen mit ihren Rollerskates über Fußgänger- und Fahrradwege dahin.
„Ich glaube, da muß ich eingreifen“, sagt Onkel Janosch und geht zum Zebrastreifen. Er winkt die „Rasselbande“ zu sich heran, und jetzt marschieren die Kinder gefahrlos und sicher auf die andere Straßenseite. „Danke schön“, sagt eines von ihnen. „Du bist ein toller Schülerlotse.“
In dem Moment ertönt der Ruf: „Achtung! Platz da!“ Alle schauen neugierig den Schulberg hinauf. Ein Junge braust lachend auf seinem Skateboard den steilen Berg hinunter.
„Der ist aber mutig!“ staunt ein Mädchen.
„Mutig? Pustekuchen“, sagt Micki, „der hat wohl noch nie was vom siebten Sinn gehört!“ Doch die anderen Schulkinder hören ihm gar nicht zu, im Gegenteil, sie klatschen Beifall.
Aber der Spaß dauert nicht lange. Dem „kleinen Helden“ wird die Schußfahrt bald doch zu schnell, und als er merkt, daß er nicht mehr bremsen und lenken kann, bekommt er Angst – zumal er schnurstracks auf einen Laternenpfahl zusaust. In letzter Sekunde springt er von seinem gefährlichen Brett.
„Noch mal Glück gehabt!“ sagt Oliver, und die kleinen Zuschauer, die vorhin noch geklatscht haben, stehen jetzt ganz erschrocken da. Die rasende Fahrt jedoch hat noch kein Ende. Das Skateboard flitzt nun alleine weiter. Vom Bürgersteig hüpft es auf die Straße, immer schneller den Berg hinunter.
„O Schreck, ein Auto!“ ruft Claudia und hält sich die Augen zu. Das Skateboard saust gerade noch zwischen den Rädern hindurch. Unten am Zebrastreifen stoppt es Onkel Janosch

schließlich. Der Junge schleicht mit hängendem Kopf heran.
„Na, du kleiner Held“, sagt Janosch und gibt ihm sein Brett zurück, „was hältst du nun von deinem Abenteuer?“
„Nicht viel“, antwortet der Junge. „Ich glaube, das war ein bißchen gefährlich.“
„Nicht nur ein bißchen!“ sagt Oliver. „Aber aus Erfahrung wird man klug.“ Er zeigt auf sein Pflaster am Knie: „Schau, ich habe gestern etwas ganz Ähnliches erlebt. Ich passe in Zukunft besser auf.“
„Wißt ihr, Kinder“, sagt Onkel Janosch, „so ein Skateboard und auch eure Rollerskates, das sind richtige Fahrzeuge. Damit müßt ihr euch an die Verkehrsregeln halten. Das heißt, ihr habt, wie alle Erwachsenen auch, richtige Verantwortung im Straßenverkehr.“
„Sowieso!“ sagt Micki. „Auch ein Fußgänger muß aufpassen.“
„Oh, oh“, sagt Onkel Janosch und zwinkert mit einem Auge. „Wenn alle Kinder soviel wüßten wie ihr, dann würde ja kaum noch ein Kind verunglücken.“
„Aber nur, wenn alle ihren siebten Sinn ordentlich gebrauchen!“ sagt Micki, der gerne das letzte Wort hat. AS

„Ich will euch nicht mehr sehen“

Tommi ist wütend. „Ihr seid gemein“, schreit er seine Eltern an und springt auf. „Ich will euch nicht mehr sehen! Nie mehr!“ Er reißt seine Jacke vom Stuhl und rennt aus dem Zimmer. Was soll er auch noch hier? Seine Eltern streiten nur immerzu. Das macht ihm Angst. Immer nur Streit. Und scheiden lassen wollen sie sich jetzt auch. So richtig scheiden. Und Papa würde ausziehen. Gerade eben haben sie es ihm gesagt. Tommi ist traurig und wütend. Er weiß nicht, was er tun soll. Überhaupt: Es scheint, als hätte sich die ganze Welt gegen ihn verschworen. Nichts klappt mehr: daheim der Ärger mit den Eltern, in der Schule die Sache mit dem Diktat, und mit seinen Freunden ist er auch verkracht.

„Mist“, schimpft er, „ihr könnt mich alle mal . . .!“ Am liebsten würde er wild um sich hauen. Irgendwohin, egal. „Alles Mist“, brummt er noch einmal und läuft auf die Straße. Er sieht nicht nach links und nicht nach rechts. Er sieht nicht die rote Ampel, nicht das Moped. Er sieht nicht die Leute, die ihm aufgeregt zuwinken. Nichts. Er sieht und hört nichts. Blind vor Wut läuft er los, vorwärts, immer weiter.
Und dann ist auf einmal alles dunkel. Tommi sieht und hört überhaupt nichts mehr. Nicht das Moped, das neben ihm auf der Straße liegt, nicht die Leute, die um ihn herumstehen, nicht das Tatütata des Rettungswagens. Nichts.
Tommi ist in einer anderen Welt. Schön ist diese Welt, hell und bunt und freundlich. Alle Leute sind nett zu Tommi. Seine Eltern zanken nicht, in der Schule schreibt Tommi das beste Diktat, und die Freunde wählen ihn zu ihrem Anführer und rufen: „Du bist unser allerbester Freund, Tommi!“
Oh, was für eine schöne Welt! Es ist, als würde Tommi auf einer Wolke aus Glitzerzuckerwatte über dieser Wunderwelt schweben, und er fühlt sich wohl dabei. Doch dann ist da auf einmal wieder dieses Dunkel, und er kann nichts sehen.
„Wo bin ich? Was ist los?“ Tommi hat Angst. Er weiß nicht, was mit ihm ist. Warum ist es überall so dunkel? Ja, und wo ist die schöne, freundliche Wolkenwelt geblieben? Wo? Wieder und wieder reißt er die Augen auf, weit und weiter. Nichts. Es bleibt dunkel. „Wo bin ich?“ Er will aufspringen, weglaufen, weg, weit weg, doch überall ist es nur dunkel.
„Ruhig, Tommi!“ sagt da eine tiefe Stimme. „Bleib ganz ruhig liegen!“
Ruhig liegen bleiben? Warum? „Wo bin ich?“, heult Tommi, „was ist passiert?“
„Du hast einen Unfall gehabt“, sagt die Stimme, „doch hab keine Angst. Es wird alles wieder gut.“
„Aber warum ist es so dunkel hier?“
Doch darauf gibt die Stimme keine Antwort. „Versuch zu schlafen“, sagt sie nur, leise, tief und dunkel. Immer wieder. „Versuch zu schlafen.“
Irgendwann schläft Tommi ein, doch der Traum von der schönen Wolkenwelt kommt nicht wieder. Tommi träumt dunkel.

Alles nur finster, dunkel, pechrabenschwarz. Und er träumt Angst. Dunkel und Angst, Angst und Dunkel . . .
Es wird auch am nächsten Morgen nicht hell für Tommi. Als er aufwacht, sind seine Eltern bei ihm. „Du mußt sehr tapfer sein, Tommi", sagt sein Vater leise. Dann erzählen die Eltern von dem Unfall, vom Krankenhaus und der Augenoperation, und daß Tommi nun einen dicken Verband vor seinen Augen hat.
„Es ist so dunkel", schluchzt Tommi, „so schrecklich dunkel. Und ich graule mich so."
Die Eltern seufzen. „Es wird alles wieder gut", sagen sie.
„Bestimmt?" flüstert Tommi.
„Ja, ganz bestimmt!"
Zuerst ist da noch die Angst, doch Tommi gewöhnt sich an das Dunkel. Wenn er alleine ist, malt er sich Bilder aus, helle, freundliche Bilder. Er sieht seine Eltern, die Freunde und die Lehrer, und er stellt sich vor, wie es sich in seiner Traumwolkenwelt lebte. ‚Eigentlich langweilig', denkt er, ‚und viel zu traumzuckerwattewolkenklebrigsüß.' Nein, alles soll bleiben, wie es war – vor dem Unfall. Und nie wieder würde er „Ich will euch nicht mehr sehen" sagen. Was bedeutet schon das bißchen Ärger? Geschiedene Eltern können bestimmt auch ganz nett sein. Alles hat schließlich zwei Seiten, so wie Licht und Dunkel.
Dann endlich kommt der Tag, an dem der Verband entfernt wird. Und jetzt ist auch wieder die Angst da. Wird er sehen können? Tommi hat Herzklopfen, und weil er sich so an das Dunkel gewöhnt hat, preßt er die Augen zu. Nun ist der Verband weg. Tommi hält die Augen fest verschlossen. Er mag sie nicht aufmachen. Was ist, wenn er nur Dunkel sieht? Nein, nein.
„Los, Tommi! Mach die Augen auf! Willst du uns nicht mehr sehen?" Alle reden sie ihm zu, die Ärzte, die Schwestern, die Eltern. Und sein Herz klopft, laut und immer lauter.
„Tommi! Sieh doch mal!" Da wagt er es. Er blinzelt. Dann öffnet er langsam die Augen. Oh, wie schön! Fast wie im Traum! Da stehen sie und lächeln ihn an, die Sonne scheint aufs Bett, auf dem Nachttisch steht ein Strauß bunter Herbst-

astern, und alles ist so freundlich und hell. Licht. Sonne. Lächeln.
„Juchhu“, schreit Tommi, „ich kann sehen!“

EB

Ui, jetzt ist etwas passiert

Niki und Uschi gehen zum Einkaufen. Da hat Niki eine Idee: „Los, wir spielen jetzt Fangen!“
Uschi ist einverstanden. Sie tippt Niki an und ruft: „Du bist es!“ Niki läuft Uschi nach. „Na warte“, lacht er, „ich krieg' dich schon!“ Die Kinder rennen auf die Straße, ohne auf den Verkehr zu achten.
Da passiert es! Reifen und Bremsen quietschen! Uschi springt zum Gehsteig zurück. Niki will auch springen, doch zu spät! Er wird von dem Auto zu Boden gestoßen. Aufgeregt steigt ein Mann aus dem Wagen. Die Leute bleiben neugierig stehen. Einer sagt: „Der Junge ist schuld. Er ist einfach auf die Straße gerannt, ohne nach links und rechts zu sehen.“
Uschi bückt sich zu Niki herab und fragt besorgt: „Ist alles in Ordnung?“
„Ja“, stöhnt Niki, „nur mein Bein tut so schrecklich weh!“
Eine Frau läuft zur Telefonzelle und verständigt den Krankenwagen und die Polizei. Minuten später brausen sie heran: „Tatütata!“ Der Polizist befragt den Autofahrer und die Zeugen: „Erzählen Sie mir genau, wie der Unfall passiert ist.“
Inzwischen wird Niki von den Sanitätern auf die Tragbahre gelegt und in den Krankenwagen geschoben. Tatü-tata, und schon geht es ab ins Krankenhaus. Dort ertönt bei der Ankunft die Alarmglocke. Schnell wird Niki zum Röntgen gebracht. Die Ärztin untersucht genau, ob in seinem Körper etwas verletzt ist. „Zum Glück ist dir nicht viel passiert“, meint sie schließlich. „Nur dein linkes Bein ist leicht angebrochen.“
Auf dem Krankenwagen wird Niki in den Operationssaal gefahren und auf den Tisch gelegt.
„Bekomme ich jetzt einen Gipsverband?“ fragt er zaghaft.

„Ja“, nickt die Ärztin. „Den mußt du so lange tragen, bis deine Knochen wieder fest zusammengewachsen sind.“
Als Niki der Gipsverband angelegt ist, darf er sich in den Rollstuhl setzen. Ein Krankenpfleger fährt ihn zum Aufzug. Ab geht es in den ersten Stock. „So, nun bekommst du dein eigenes Bett und darfst dich erst einmal von dem großen Schreck erholen“, beruhigt der Krankenpfleger Niki.
Zwei Stunden später kommen Evi und Uschi zu Besuch. Sie bringen Niki ein spannendes Buch zum Lesen mit und eine große Tüte Bonbons. „Geht es dir schon etwas besser?“ fragen sie.
„Ja“, murmelt Niki tapfer. „Die Ärztin hat mein linkes Bein eingegipst, weil es angebrochen ist. Es tut schon fast nicht mehr weh.“ Und fragend fügt er hinzu: „Wie ist das eigentlich passiert?“
„Ich weiß es schon“, erklärt Uschi. „Wir haben gerade Fangen gespielt, und dabei sind wir auf die Straße gerannt, ohne aufzupassen.“
„Ach, so war das“, erkennt Niki nachdenklich. Im selben Augenblick betritt die freundliche Ärztin das Krankenzimmer. Sie lacht vergnügt: „Na, wie geht es denn unserem kleinen Hans-Guck-in-die-Luft?“
„Ich habe nicht in die Luft geschaut“, verteidigt sich Niki, „sondern auf die Uschi.“
„Soso“, schmunzelt die Ärztin, „dann bist du ja ein Hans-Guck-auf-die-Uschi!“
„Nein“, beteuert Niki. „Jetzt bin ich immer ein Niki-Guck-auf-den-Verkehr!“
Uschi und Evi müssen lachen. Die Ärztin untersucht Niki.
„Nach einer Woche darfst du wieder nach Hause“, erklärt sie freundlich. „Und in ein paar Wochen kannst du dann auch wieder laufen, ohne den Gipsverband, aber...“
„Aber“, unterbricht Evi die Frau Doktor, „aber hoffentlich nicht wieder auf die Straße, ohne vorher nach links und rechts zu schauen.“ Niki verspricht: „Ganz bestimmt nicht. Gips am Bein, das ist gemein und muß nicht sein!“ Uschi und Evi verabschieden sich. Und auf dem Heimweg achten die beiden besonders gut auf den Verkehr.

AS

Kranksein ist schön

„Ich will auch krank sein“, maulte Lena. „Kranksein ist schön!“
„Schön?“ rief ich entsetzt. „Schrecklich ist es. Hundsgemein und schrecklich.“
Nein, ich konnte Lena nicht verstehen. Was sollte am Kranksein schön sein? „Du spinnst“, sagte ich. „Wer liegt schon gerne den ganzen Tag im Bett und fühlt sich elend?“
„Pah“, machte Lena. „Da muß man nicht in die Schule.„
So ein Quatsch! Wie gerne wäre ich in die Schule gegangen, anstatt mit diesen blöden Windpocken im Bett zu liegen! Ich fühlte mich so krank: Heiß war mir und kalt, mein Kopf tat weh, mein Gesicht und mein Bauch waren mit eklig roten Pusteln übersät, die scheußlich juckten, und das Essen schmeckte mir auch nicht. Wenn ich nur an Essen dachte, fühlte ich mich gleich noch elender. Ich hatte nicht einmal Lust auf Erdbeereis, Spaghetti oder Kartoffelpuffer, so krank war ich. Ja, ich fühlte mich elend. Hundeelend. Und da sagte Lena so einfach. Kranksein sei schön! Blöde Ziege!
„Mach dir keine Sorgen“, schimpfte ich und zog mir das Kissen über den Kopf. „Du wirst die Windpocken bestimmt auch bald haben. Die sind nämlich ansteckend. Ätsch. Und jetzt laß mich in Ruhe!“
„Bäh.“ Lena verkrümelte sich, und ich fühlte mich noch kränker. Alles tat weh, und überall juckte es. Wo man doch bei Windpocken nicht kratzen darf! Oh, ich tat mir schrecklich leid! Und Lena? Die hatte kein Mitleid mit mir. Niemand hatte Mitleid mit mir.
Lange Zeit ging es mir so elend. Mindestens zwei Tage lang. Eines Tages dann wachte ich auf und hatte auf einmal einen Riesenappetit. Auf Kartoffelpuffer, Spaghetti und Erdbeereis. Mutti freute sich, und mittags gab es tatsächlich Kartoffelpuffer. Die schmeckten lecker. So gut hatten sie mir noch nie geschmeckt. Ich aß und aß und fühlte mich fast wie zum Bäumeausreißen. Aber noch war ich ein bißchen krank und mußte im Bett bleiben. Und, ehrlich, Lena hatte recht, Kranksein konnte richtig schön sein. Mutti hatte sich extra

meinetwegen Urlaub genommen, und auch Vati kam öfter als sonst aus seinem Arbeitszimmer und fragte, ob es mir schon besser ginge. Er erzählte mir viele Geschichten und neue Witze. Wir spielten „Mau-Mau“, „Mensch ärgere Dich nicht“, „Städteraten“ und „Ich seh’ etwas, was du nicht siehst“ und hatten eine Menge Spaß dabei. Mutti brachte mir eine neue Kassette und viel „Lesefutter“ vom Einkaufen mit. Es war richtig gemütlich, im Bett zu liegen, Musik zu hören und zu schmökern. Und die anderen mußten in die Schule gehen.

„Du hast recht“, sagte ich zu Lena. „Kranksein ist wirklich schön.“

Lena aber winkte nur ab. „Ich hab’ so Kopfweh“, jammerte sie, „und übel ist mir auch.“

„Kopfweh?“ fragte Mutti entsetzt.

„Übel?“ rief Vati aufgeregt. „Du wirst doch nicht . . .“

„Das sind bestimmt die Windpocken“, meinte ich fachmännisch und begann, Lena nach kleinen roten Pusteln abzusuchen. Am nächsten Tag lag Lena dann wirklich mit vielen kleinen, juckenden Pusteln, mit Frieren und Schwitzen, mit Kopfweh und Keine-Lust-auf-Essen im Bett. „Ich fühl’ mich ja so elend“, stöhnte sie und verkroch sich unter der Bettdecke. Daß Kranksein doch so schön ist, hatte sie, glaube ich, ganz vergessen.

EB

Kennst du Herrn Dr. Lustig?

„Was ist los mit dir?“ fragt Mama besorgt.

Evi sitzt am Frühstückstisch und hält sich den Bauch. Leise stöhnt sie: „Hier unten tut es furchtbar weh.“

Mama ruft den Hausarzt an. Er kommt sofort mit seinem Auto und untersucht Evi. „Das ist der Blinddarm“, erklärt er. „Der zwackt so im Bauch. Den holen wir in der Kinderklinik heraus, dann ist das Bauchweh vorbei.“

„Ja“, sagt Evi, „aber Papa und Mama müssen mich oft besuchen.“

„Natürlich tun wir das“, versprechen die Eltern. Und Niki versichert: „Uschi und ich kommen auch zu dir, sooft es geht.“
Mama packt nun Evis Sachen ein, und Papa fährt sie in die Klinik. Eine nette Krankenschwester begrüßt Evi. „Guten Tag! Die anderen Kinder sind schon neugierig auf dich.“
Evi muß sich auf die Waage stellen, damit die Schwester weiß, wie schwer sie ist. Dann kommt der Kinderarzt ins Zimmer. Er nimmt sein Hörgerät und horcht Evis Brust und Rücken ab. Schmunzelnd sagt er: „Es ist schön, mit dir zu telefonieren.“ Evi muß lachen. „Und gleich nachher werden wir dich von dem bösen Zwickzwack in deinem Bauch befreien“, fügt er hinzu.
Evi darf mit dem Aufzug in den ersten Stock hinauffahren. Die freundliche Krankenschwester begleitet sie: „Du darfst dich jetzt ein bißchen im Bett ausruhen“, erklärt sie. Doch bald schon kommt sie zurück und sagt: „Einen schönen Gruß vom Herrn Doktor. Ich soll dich jetzt mit unserem Haustaxi abholen.“
Evi findet es lustig, als sie auf ein rollendes Bett gelegt und im Fahrstuhl hinab in einen großen Saal gebracht wird. Dort wartet schon der Arzt auf sie. „So, Evi“, sagt er schmunzelnd, „nun habe ich für dich extra das Traummännchen bestellt.“
„Wo ist es denn?“ will Evi neugierig wissen.
„Es ist zwar schon wieder fort, aber es hat mir diese Schlafmaske hiergelasssen“, erklärt der Doktor. Er nimmt die Narkosemaske und legt sie auf Evis Gesicht. Evi wartet neugierig, was geschehen wird. Da wird sie auf einmal müde und schläft schnell und fest ein.
Als sie aufwacht, liegt sie wieder in ihrem Bett im ersten Stock. Im Bauch zwackt es jetzt nur noch ein wenig. Die Schwester tröstet sie: „Das geht schnell vorbei.“
Am nächsten Tag kommen Papa und Mama zu Besuch. „Habt ihr mir etwas mitgebracht?“ fragt Evi gespannt. „Natürlich“, lachen Papa und Mama.
„Ui, eine wunderschöne Puppe“, freut sich Evi, als Mama ihre Tasche öffnet. „Wann kommt denn wieder der lustige Onkel Doktor?“ erkundigt sich Evi nun.

„Herr Doktor Lustig kommt ja schon", ertönt es von der Tür her. Der Arzt betritt lachend das Zimmer und untersucht Evi gründlich. „In zwei Tagen machen wir noch ein Foto von dir", verkündet er zum Schluß geheimnisvoll.
Evi kann es kaum erwarten, fotografiert zu werden. Endlich ist es soweit. Im Röntgenzimmer muß sie sich vor eine Glasscheibe stellen. „Bitte jetzt nicht bewegen, sonst verwackelt das Foto", sagt der Arzt. „Atme tief ein und halte dann die Luft an!" Evi tut alles, was der Herr Doktor verlangt. „So, fertig", erklärt der Arzt. Schon bald darauf zeigt er Evi das große Foto. „Komisch sieht das aus", staunt Evi.
„Ja, schon", meint der Herr Doktor verständnisvoll, aber so schaut es nun mal in deiner Brust aus."
Ein paar Tage später darf Evi heim. „Auf Wiedersehen, Herr Doktor Lustig", sagt sie. „Es war schön bei Ihnen. Ich besuche Sie bald wieder."
„Wiedersehen, Evi", antwortet der Arzt freundlich, "und bleib mir schön gesund." Dann fährt Evi mit ihren Eltern vergnügt im Auto nach Hause.

AS

Wer zuletzt lacht . . .

Heute morgen fühlte ich mich gar nicht wohl. Das Frühstück schmeckte nicht, und in meinem Bauch pickste es. „Mir ist nicht gut", sagte ich und krümelte mein Brötchen auf dem Teller herum.
„Oje", rief Vati besorgt. „Was hast du denn?"
„Einen Termin beim Zahnarzt", sagte Mutti, „um elf Uhr."
„Hihi." Schon begann meine Schwester Lena zu kichern, und auch Vati verzog sein Gesicht zu einem Grinsen.
„Mir ist aber wirklich nicht gut", sagte ich. „Bestimmt werde ich ganz arg krank."
„Gut", sagte Mutti und räumte meinen Teller weg. „Dann solltest du besser nichts mehr essen, und wenn du vom Zahnarzt zurückkommst, legst du dich ins Bett!"
Wie gemein! Mutti konnte manchmal richtig herzlos sein.

„Und wenn ich besser gleich ins Bett gehe?“ schniefte ich. „Sonst stecke ich den Zahnarzt noch an.“
„Das glaube ich nicht“, sagte Mutti. Und dann lachten sie alle, Mutti, Vati und vor allem Lena. Die konnten gut lachen! Sie mußten schließlich nicht um elf zum Zahnarzt gehen.
„Feigling“, sagte Lena, „du hast nur Angst!“
Angst? Vorm Zahnarzt? Ich doch nicht. „Selber Feigling“, schrie ich wütend. „Hast ja selber einen Wackelzahn.“
„Der fliegt aber von allein raus! Ätsch!“ rief Lena und fing wieder mit ihrem dummen Gelache an. „Jana muß zum Zahnarzt! Jana ist ein Hasenfuß! Jana muß zum Zahnarzt! Jana ist ein Hasenfuß . . .“
„Selber Hasenfuß, bäh!“ Am liebsten hätte ich sie jetzt verhauen, doch ich war ja krank . . .!
„Ich“, sagte Lena, „habe keine Angst vor dem Zahnarzt? Da könnte ich jeden Tag mindestens zehnmal hingehen!“
Vati grinste wieder. „Na prima“, sagte er. „Dann kannst du Jana begleiten und ihr das Händchen halten!“
„Mach' ich,“ sagte Lena großspurig. „Wo sie doch so große Angst hat!“
Ich war wütend. Dieses gemeine Beist! Aber nein, sie sollte nicht merken, wie sehr ich mich fürchtete. Die nicht. Dann gingen wir los. Wie blind stolperte ich durch die Straßen. Lena rannte hinter mir her und quasselte andauernd auf mich ein. Die konnte gut reden! Ich aber hatte ganz weiche Knie.
„Vielleicht ist er krank“, dachte ich insgeheim. „Oder er ist in Urlaub gefahren. Sind ja schließlich Ferien. Ja, bestimmt ist er nicht da. Oder er hat einen Notfall, oder . . . oder . . .“
Ich überlegte und überlegte, und dann standen wir auch schon vor der Praxis. Das Herz fiel mir in die Hosen. Kein „Wegen-Krankheit-geschlossen-Schild“ an der Tür. Kein Urlaub. Kein Notfall. Nichts. Nur wieder dieses Stechen im Bauch. Am liebsten wäre ich umgekehrt. Doch da zog mich Lena schon ins Haus. Todesmutig ergab ich mich in mein Schicksal.
„Du hast Glück“, sagte die Sprechstundenhilfe freundlich.

„Es ist niemand im Wartezimmer. Du kommst gleich dran!"
„Da-da-da-danke", stotterte ich, und Lena erklärte der freundlichen Sprechstundenhilfe, daß ich Angst hätte. Ich aber tat ganz mutig, setzte mich in den gräßlichen Zahnarztstuhl, schloß die Augen und riß den Mund weit auf. Sollten die doch machen, was sie wollten! Ja, und dann ging eigentlich alles ganz schnell.
„Da ist nur ein winzig kleines Löchlein", sagte Doktor Wilde. „Das haben wir gleich." Und ehe ich mich überhaupt graulen konnte, war er mit dem Bohren schon fertig. Es hatte gar nicht weh getan. „Jetzt noch die Füllung", sagte Dr. Wilde, „und dann darfst du eine Stunde nichts essen. Fertig!"
Fertig? Erstaunt riß ich die Augen auf. Hatte er „Fertig!" gesagt?
„Na", fragte Herr Wilde. „Angst gehabt?"
Ich schüttelte den Kopf. „Nööö", sagte ich. „Ich fürchte mich doch nicht vor Ihnen, und Lena auch nicht."
„Fein. Das braucht ihr auch nicht!" sagte Dr. Wilde.
„Ja", rief Lena, „und mein Wackelzahn fliegt eh von alleine raus!"
„Wackelzahn?" fragte Dr. Wilde. „Du hast einen Wackelzahn? Zeig doch mal her!"
„D-d-d-der tut ü-ü-überhaupt nicht weh", stotterte Lena, und da war überhaupt kein Grinsen mehr in ihrem Gesicht.
Jetzt mußte ich lachen. „Hast du etwa Angst?"
„N-n-nein", sagte Lena, „aber mein Wackelzahn muß nicht zum Zahnarzt."
Hihi. Das freute mich aber. „Hasenfuß!" rief ich, „wer ist denn nun ein Hasenfuß?"
„Niemand", sagte Dr. Wilde, und eins, zwei, drei hob er Lena in den Zahnarztstuhl. „Nun zeig mal her!"
Er brauchte gar nicht viel zu tun. Ruck, zuck hielt er Lenas Wackelzahn in der Hand, und Lena starrte ihn mit weit aufgerissenen Augen und einer großen, dunklen Zahnlücke an.
„Na", fragte Mutti später, „hat Jana große Angst gehabt?"
„Überhaupt nicht", sagte Lena und strahlte Mutti mit ihrer Zahnlücke an.

Ich aber fing an zu lachen. Und wie ich lachte . . .!

EB

Festlicher Herbst

Süße Birnen

Endlich war es soweit. Die Birnen im Garten des Pastors waren reif, für Kinder einfach zu verlockend. Der Pastor wußte das und hängte vorsichtshalber ein Plakat auf: „Gott sieht alles!" Tags darauf fehlten bereits eine Menge Birnen. Auf dem Plakat war unter die Warnung mit krakeliger Kinderschrift der Zusatz geschrieben: „Aber er verpetzt uns nicht!"

AS

Onkel Niki und die Botschafter des Herbstes

Seit heute morgen knallt es andauernd in den Weinbergen.
„Jetzt", sagt Onkel Niki, „ist der Herbst wirklich da."
„Warum gerade jetzt?" fragt Ulla verständnislos.
„Na, hört ihr es nicht, dieses Ballern und Geknalle?"
Daniel streckt den Kopf aus dem Fenster. „Das ist doch immer so im Herbst", knurrt er gleichgültig.
„Eben", sagt Onkel Niki. „Wenn es draußen ballert und knallt, ist der Herbst da."
„Du meinst, der Herbst knallt da draußen herum?" ruft Ulla, und am liebsten wäre sie gleich hinausgelaufen. „Vielleicht kann man ihn sehen, den Herbst, wie er durch die Weinberge tobt."
„Meinst du?" fragt Daniel mißtrauisch. „Das ist doch Quatsch!"
„Nein, nein", sagt Onkel Niki und zieht genüßlich an seiner Nachmittagspfeife. „Es ist schon der Herbst, der da draußen seine Hand im Spiel hat."
„Und wie?" Daniel kann es noch immer nicht glauben, und Ulla stellt sich vor, wie der Herbst als gewaltiger Herbstgeist durch Wingertzeilen saust und allen mit seinem Geballere zu-

ruft: ‚Hallo, hallo, ich bin da‘! „Ui, wie aufregend. Hast du ihn schon gesehen, Onkel Niki?“
Onkel Niki wiegt bedächtig den Kopf. „Leider nein. Der Herbst zeigt sich niemandem“, sagt er schließlich. „Aber seine Botschafter, die hab’ ich wohl gesehen?“
„Seine Botschafter?“
„Sind das auch Geister?“
„Und die kann man sehen?“
Ungläubig starren Ulla und Daniel ihren Onkel an. Der deutet zum Fenster und sagt: „Seht die Stare da draußen in den Weinbergen! Sie versammeln sich als letzte zum großen Vogelzug in den Süden. Überall könnt ihr sie sehen, auf den Feldern, in den Obstbäumen und in den Weinbergen. Sie sind die Botschafter des Herbstes.“
„Warum ?“ fragt Ulla.
„Ja“, meint Daniel, „was haben sie für eine Botschaft?“
„Ganz einfach“, erklärt Onkel Niki. „Sie versammeln sich erst dann, wenn endgültig Herbst ist, und dann weiß jeder: Jetzt ist er da, der Herbst.“
„Und diese Botschafterstare sind Herbstgeister, die knallen und ballern?“
Da fängt Onkel Niki an zu lachen. „Hoho. Gerissene Traubendiebe sind sie, die Botschafter des Herrn Herbstes. Sie fallen in Scharen in die Weinberge ein und fressen die Rebstöcke leer. Schließlich müssen sie sich vor der anstrengenden Reise noch einmal satt essen. Nein, nein, die Winzer ballern so laut herum. Mit Platzpatronen.“
Daniel beginnt zu begreifen. „Ach so. Das Geknalle soll die Stare erschrecken und aus den Weinbergen vertreiben.“
Ulla ist enttäuscht. „Und ich dachte, Geister machen diesen Krach. Schade. Die armen Stare. Bestimmt haben sie großen Hunger. Einfach so verjagen, das ist doch gemein, oder? Wo sie doch die Herbstbotschafter sind!“
Und sie sehen aus dem Fenster zu den Weinbergen hinüber. Es knallt gerade wieder, und eine Schar von Staren erhebt sich wie eine schwarze Wolke aus den Rebzeilen in den Himmel Richtung Süden.

EB

Das Herbstfest bei Onkel Willibald

Eines Tages waren Lena und ich bei Onkel Willibald eingeladen. Zum Herbsten.
„Herbsten?“ hatte Lena gefragt. „Was ist das denn? Wieder so eine komische Onkel-Willibald-Idee?“
„Keine Ahnung“, meinte ich. „Vielleicht ist es ein Fest. Ein Herbstfest.“
Lena war begeistert. „Ein Fest“, rief sie. „Das ist gut. Feste sind immer gut.“
Und wir freuten uns auf Onkel Willibalds Herbstfest. Am nächsten Morgen schmiß uns Vati schon früh aus den Federn. Es war noch dunkel draußen, und das Aufstehen fiel uns schwer. „Ein komisches Fest“, schimpfte Lena. „Fängt das denn so früh an?“
Ich wunderte mich auch. Vati hatte uns nämlich alte Jeans, dicke Pullis und Gummistiefel zum Anziehen bereitgelegt. Und die ollen Gartenanoraks sollten wir auch mitnehmen. Also, festliche Klamotten waren das ja nicht! Mißtrauisch sah ich Vati an, doch der grinste nur. „Laßt euch überraschen“, sagte er.
Und das taten wir dann auch. Verschlafen hockten wir im Auto und starrten in die dämmrige Nebellandschaft hinaus. Kalt sah es aus und naß. So richtig herbstungemütlich. Onkel Willibalds Fest würde doch nicht im Freien stattfinden? Ich überlegte hin und her, doch als wir bei Onkel Willibald eintrafen, hatte ich noch immer keine Idee, was für ein Fest dieses Herbsten sein könnte.
In Onkel Willibalds Hof ging es hoch her, obwohl es noch so früh am Morgen war. Viele Leute tummelten sich auf dem Hof: Männer, Frauen und Kinder. Sie trugen alte Jacken und Hosen, Kopftücher oder Mützen und Gummistiefel. Manche hielten Eimer in den Händen. Und alle waren sie sehr fröhlich. Waren die denn nicht müde? Ja, und froren sie nicht? Zitternd drückten wir uns an Vati. Das sollte ein Fest sein?
„Ha-ha-hat das Herbsten-Fest schon angefangen?“ fragte Lena, und ich jammerte: „Mir ist so kalt!“
Vati lachte uns aus. „Ihr kleinen Stadthasen“, sagte er. „Ich dachte, ihr mögt das Landleben gut leiden!“

„Aber doch nicht so früh!“ rief Lena.
„Und nicht so kalt“, fügte ich hinzu. Am liebsten wäre ich wieder ins Auto eingestiegen, doch da kam Onkel Willibald auf uns zu. „Schön, daß ihr gekommen seid“, rief er und nahm uns in seine breiten Onkel-Willibald-Arme. „Freut ihr euch aufs Herbsten?“
Wir nickten zaghaft, und eins, zwei, drei, hob uns Onkel Willibald hoch und setzte uns auf einen Erntewagen, auf dem zwei große, grüne Plastikwannen standen. Da saßen wir nun zwischen diesen komischen grünen Dingern, und ehe wir protestieren konnten, fuhr der Traktor mit unserem Erntewagen über den Hof. Wie das holperte und polterte! Und wo war Vati? Er würde uns doch hier nicht alleine lassen?
Ängstlich sahen wir uns um, doch da entdeckte ich Vati. Er saß neben Onkel Willibald auf dem Traktor und winkte uns zu. Eigentlich wollte ich ‚Anhalten‘ und ‚Ich will hier runter, aber sofort!‘ rufen, doch da tauchten plötzlich auf der anderen Seite des Wagens zwei rotbemützte Köpfe auf.
„Ih, Mädchen“, sagte der eine Kopf, und der andere begrüßte uns mit einem verächtlichen „Oje, Zimperliesen!“
Ich merkte, wie ich wütend wurde. „Selber Zimperlisen!“ brüllte ich los. Auch Lena schien sich gewaltig zu ärgern. „Oje“, rief sie, „Rotkopfgartenzwerge!“
Da bekam der eine Rotkopfgartenzwerg ein rotes Wutgesicht, und das sah so lustig aus, daß wir loslachten. Zuerst blickten uns die beiden Rotköpfe erstaunt an, dann aber mußten sie auch lachen.
„Bei euch geht's ja fröhlich zu“, rief Vati vom Traktor herüber. „Ist ja auch ein Fest“, kicherten wir zurück, und die Rotkopfzwerge, die sich uns als Klaus und Robbi vorgestellt hatten, lachten mit. Vom Lachen war uns warum geworden, und als unser Wagen die Weinberge erreicht hatte, fingen wir an, uns auf dieses Herbsten, was immer es auch sein mochte, zu freuen.
In den Wingertzeilen hingen dicke Nebelfetzen. Neugierig blickten wir uns um. Hinter uns ratterten noch zwei Erntewagen, auf dem die Leute aus Onkel Willibalds Hof, zwischen Eimer und Kübel gedrängt, saßen. Sie lachten und schwatz-

ten, und ihre Stimmen drangen wie Geisterstimmen durch die Nebelsuppe.
„Wohin fahren wir eigentlich“, fragte ich schließlich, und ich dachte an ein Herbstfest mit Würstchenbude, Mohrenköpfen und Festzelt.
„Ist nicht mehr weit“, meinte Klaus. „Bis zum Grafenwingert da oben.“ Und er deutete in das Nebelgrau.
„Gibt es da einen echten Grafen?“ fragte Lena, und sie hatte dabei bestimmt ein Grafenfest mit Kerzenlicht, Rüschenkleidern und einem festlich gedeckten Tisch vor Augen.
„Blödsinn“, grummelte Robbi. „Der Wingert heißt so: Grafenberg. Ist doch logisch, oder?“
„Logisch.“ Wir nickten verstehend und warteten ab. Unser Wagen holperte langsam bergan, und wir wurden manchmal heftig hin und her gerüttelt. Endlich waren wir am Grafenwingert angekommen. An einer hohen Steinmauer hielt Onkel Willibald an, und Vati hob uns vom Wagen.
„Und nun?“ fragte ich und sah mich nach irgend etwas Festlichem um.
„Jetzt geht's da hinauf. “ Vati deutete auf den steilen Weinberghang, den man nur über eine schmale Steintreppe betreten konnte.
Bevor wir darauf etwas antworten konnten, hatte uns Onkel Willibald schon Eimer und kleine, spitze Scheren in die Hand gedrückt und zeigte auf eine Rebzeile. „Das ist eure Wingertzeile“, erklärte er Lena, Klaus, Robbi und mir. „Aber aufgepaßt. Die Scheren sind sehr scharf. Schneidet euch nicht in die Finger.“
„Fein“, meinte Lena und starrte auf die Schere. „Wir haben eine Wingertzeile. Die gehört jetzt uns. Ist das nicht toll? Aber was machen wir damit? Und wozu brauchen wir den Eimer und die Schere?“
„Quatschkopf“, wieherte Robbi, und auch Vati und Onkel Willibald grinsten. „Die Wingertzeile gehört doch nicht uns! Wir sollen hier nur die Trauben ernten. Das ist alles.“
„Ach so“, sagte Lena. „Und den Grafen, den gibt es wohl auch nicht?“
Onkel Willibald schüttelte bedauernd den Kopf. „Mit einem

Grafen kann ich leider nicht dienen. Aber nachher gibt es ein schönes Frühstück."
„Auch nicht schlecht", murmelte Lena und kletterte die Steintreppe zu unserer Wingertzeile hinauf. Wir folgten ihr und begannen, die Trauben von den Weinstöcken zu schneiden.
„Wir müssen uns beeilen", erklärte Robbi. „Wer als erster seine Zeile geerntet hat, gewinnt einen Preis."
„Das ist aber unfair", meinte Lena. „Die Erwachsenen sind bestimmt viel schneller!"
„Aber wir sind zu viert."
Das stimmte, und Lena begann sich schon auf den Preis zu freuen, den wir gewinnen würden. Auch uns hatte nun der Ehrgeiz gepackt, und wir beeilten uns. Das Traubenernten machte Spaß. Schnell waren unsere Eimer gefüllt, und wir riefen: „Trauwe! Heyhey!". Schon kam einer der Hottenträger und schüttete unsere Trauben in die große Hotte, die er wie einen Rucksack auf dem Rücken trug. Weil wir so schnell waren, riefen wir oft „Trauwe!" und „Heyhey!", und die Hottenträger wunderten sich ganz schön. „Ihr seid aber schnell!" meinte einer.
„Wir wollen ja auch den ersten Preis gewinnen", erklärte ihm Lena.
„Hoho", lachte der Mann. „Was wollt ihr denn mit einer Flasche Wein anfangen?"
„Wein?" fragte Lena entsetzt. „Ich brauche keinen Wein. Meinen Preis möchte ich haben, sonst nichts."
Aber der Hottenträger lachte nur und stieg zum Erntewagen hinunter, wo er die Trauben kopfüber aus der Hotte in eine der großen grünen Wannen schüttete.
Lena aber war nachdenklich geworden. Und langsamer. „Also", meinte sie schließlich, „wegen einer doofen Flasche Wein brauchen wir uns eigentlich nicht so zu beeilen. Außerdem tun mir die Finger weh. Und müde bin ich auch."
Ich nickte. Meine Hände schmerzten auch von der ungewohnten Arbeit. Außerdem waren sie kalt und klebrig vom Saft der Trauben. Prüfend blickte ich hangaufwärts. „Ist es noch weit?"

„Es geht“, meinte Klaus. „Die Hälfte haben wir bestimmt geschafft.“
„Erst die Hälfte?“ rief Lena entsetzt. „Und das alles wegen einer Flasche Wein?“ Sie setzte sich auf den feuchten Boden. „Also, ich habe keine Lust mehr.“
„Ich auch nicht“, stimmte ich ihr zu und wollte mich neben Lena setzen und streiken.
„Ihr seid ja doch Zimperliesen!“ sagte Robbi, und seine Stimme klang enttäuscht.
Zimperliese? Nein, eine Zimperliese wollte ich nicht sein. „Los“, sagte ich zu Lena und zog sie vom Boden hoch. „Wir werden diesen Preis gewinnen.“
„Jawohl“, rief Lena. „Von wegen Zimperliesen. Und den Wein verschenken wir. Ganz einfach.“
Na ja, so einfach war es dann doch nicht. Wir mühten uns sehr ab, und trotzdem kamen unsere ‚Verfolger‘ in den anderen Wingertzeilen immer näher. „Das schaffen wir nie“, stöhnte ich, und meine Beine fühlten sich schwer an.
„Ihr seid aber fleißig“, sagte da auf einmal eine Stimme. Es war die Onkel-Willibald-Stimme, und sie klang sehr lieb. „Ihr wollt wohl als erste oben sein, hm?“
Wir nickten müde, und Onkel Willibald meinte: „Da habt ihr euch aber viel vorgenommen.“ Er griff in die Tasche, holte seine Schere und erntete eilig Traube um Traube von unseren Rebstöcken. Jetzt füllten sich unsere Eimer wieder schnell. „Ein bißchen schummeln“, grinste er, „ist manchmal erlaubt, oder?“
„Und wie!“ rief Lena und schnitt eine Traube ab. „Schon wieder eine, und noch eine und noch eine . . ., oha, wir werden es schaffen!“
„Ja“, riefen wir, „wir werden es schaffen.“ Die Müdigkeit war vergessen. Wir beeilten uns und füllten einen Eimer nach dem anderen. Wir waren so beschäftigt, daß wir nicht mehr nachsahen, wie weit das Ziel noch entfernt lag. Wir merkten auch nicht, daß es sonnig warm wurde. Nein, wir kämpften uns verbissen von Rebstock zu Rebstock, und auf einmal war keiner mehr da. Verdutzt blickten wir auf. Juchhu, wir hatten es geschafft. Wir waren als erste oben angelangt. „Juchhu!“ riefen wir. „Wir haben gewonnen. Juchhu.“

Erst dann sahen wir den Jeep am Wegrand mit dem Frühstückstisch voller Leckerbissen, die so köstlich dufteten, daß wir alle ersten Preise der Welt vergaßen. Ich merkte, wie hungrig ich war, und wie hungrige Wölfe füllten wir unsere Teller mit diesem köstlichen Herbstfrühstück. Dann machten wir es uns zum Essen am sonnenwarmen Wegrand gemütlich, blickten auf die Nebelsuppe unter uns und warteten auf die anderen, die nach und nach aus den Nebel auftauchten.
„Gut, daß wir uns so beeilt haben“, meinte Lena und kaute an einem Leberwurstbrot. „Sonst hätten uns die anderen alles weggefressen.“
„Na ja“, meinte Klaus. „Ist doch genug da. Soviel kannst du gar nicht essen.“
„Wetten?“ fragte Lena. Sie holte sich noch ein Käsebrot und eine Erbsensuppe, eine Gurke und eine Bratwurst, Kartoffelsalat und Apfelkuchen und kaute und kaute und kaute. „Wann endlich“, fragte sie auf einmal schmatzend, „beginnt denn nun dieses „Herbsten-Fest?“
Da mußten alle lachen, und Lena war beleidigt. Sie holte sich noch ein Leberwurstbrot, biß herzhaft hinein und meinte: „Dann feiern wir eben nicht. Mir gefällt's hier auch so sehr gut.“

EB

Eine wunderbare Pflanze

Die Kartoffel ist eine genügsame Pflanze.
Sie benötigt keine besondere Erde. Selbst auf trockenem Sandboden und im Moor bringt sie gute Ernten. Sie läßt sich sogar noch in gebirgigen Gegenden anbauen, wo das Korn nicht mehr gedeiht.
Die Kartoffel ist eine genügsame Pflanze.

Die Kartoffel ist eine wichtige Nährpflanze.
Die bleichen Knollen, die wir Kartoffeln nennen, enthalten große Mengen Stärke. Wegen dieses wichtigen Nährstoffes ist die Kartoffel in vielen Ländern der Welt die bedeutendste

Feldfrucht geworden. In Ländern mit Kartoffelanbau gibt es kaum noch Hungersnöte.
Die Kartoffel ist eine wichtige Nährpflanze.

Die Kartoffel ist eine gefährliche Pflanze.
Der „Erdapfel“, der uns so vorzüglich schmeckt, ist zum Teil aber auch eine Giftpflanze. Alle grünen Teile enthalten nämlich ein starkes Gift. Besonders giftig sind die kleinen Fruchtkugeln, die jungen Triebe und die Knöllchen, die im Sonnenlicht ergrünt sind.
Über der Erde Gift und Tod,
unter der Erde nahrhaft wie Brot.

Die Kartoffel ist eine unheimliche Pflanze.
Die südamerikanischen Indianer verehrten die Kartoffel vor Hunderten von Jahren so sehr, daß sie ihretwegen sogar Menschenopfer darbrachten, um von den Göttern eine reiche Ernte erbitten zu können.
Die Indianer setzten die Knollen vielfach auch abwechselnd der Sonne und dem Nachtfrost aus. Dadurch verwandelte sich die Kartoffelstärke in Zucker. Deshalb schmecken Kartoffeln, die erfroren sind, auch besonders süß. Aus diesen Kartoffeln bereiteten die Indianer eine brotartige Masse, die jahrelang genießbar blieb.
Die Kartoffel ist wirklich eine wunderbare Pflanze.
Sie ist genügsam und nahrhaft.
Sie ist aber auch gefährlich und unheimlich. AS

Ein einfallsreicher Trick

Die Kartoffel wurde erst vor etwa 250 Jahren bei uns zur Ackerpflanze, wobei anfänglich die feineren Herrschaften, die Adeligen und die reichen Kaufleute, mit Neugier die braune Knolle kosteten. Von den Bauern und Handwerkern wurde sie zunächst als ungenießbar abgelehnt.
Manche Könige, so auch der deutsche Herrscher Friedrich II., zwangen die Bauern deshalb kurzerhand, die Kartoffel

anzubauen und zu essen. In Frankreich aber griff man diesbezüglich lieber zu einer List.
Ein Apotheker namens Parmentier legte große Felder an, auf denen er Kartoffeln anbaute. Am Rand dieser Pflanzungen stellte er große Warnschilder auf, die verkündeten:
„Es ist unter schwerer Strafe verboten, die hier angebauten kostbaren und schmackhaften Feldfrüchte zu stehlen!"
Die Bauern der Umgebung wurden natürlich sofort auf die verbotene Frucht aufmerksam und wollten sie probieren. Heimlich stahlen sie deshalb die reifen Früchte. Wie schon Adam und Eva im Paradies schmeckten auch den Bauern die verbotenen Früchte besonders gut. Schnell verbreitete sich davon die Nachricht.
König Ludwig XVI. lobte den klugen Apotheker wegen seines einfallsreichen Tricks und sagte zu ihm: „Sie haben das Brot der Armen gefunden!" Der König, die Königin und bald der ganze Hof begannen nun auch, die hübschen Kartoffelblüten im Knopfloch zu tragen. Schon bald war die Kartoffel nicht mehr vom Mittagstisch der Menschen wegzudenken, und das ist noch heute so.

AS

Das große Kartoffelfest

Florian und Susi waren miteinander befreundet. An einem schönen, warmen Herbsttag lud Florian Susi ein: „Du, wir feiern bei uns zu Hause ein großes Kartoffelfest. Kommst du auch?"
Susi rief erstaunt: „Wie bitte, ein Kartoffelfest, was ist denn das?"
„Ganz einfach", meinte Florian, „das ist ein Fest, bei dem wir die Kartoffeln feiern und sie uns nach Herzenslust schmecken lassen."
Susi schüttelte den Kopf: „Das ist doch wohl nicht dein Ernst! Zu Ehren von schmutzigen braunen Knollen feiert ihr ein Fest? Was haben denn die Dinger schon Besonderes an sich?"

Florian räusperte sich und erklärte: „Also zuerst einmal, die Kartoffeln sind immerhin zweitausend Jahre alt, also wohl älter als du und ich. Außerdem sind sie Abenteurer mit großer Auslandserfahrung. Sie kommen nämlich aus Südamerika, genauer gesagt aus Chile und Peru, wenn du weißt, wo das liegt. Dort wachsen noch heute viele wilde Kartoffeln. Damals pflanzten sie bereits die südamerikanischen Indianer und hatten sie zum Fressen gern. Dann kamen vor etwa vierhundert Jahren die Spanier und eroberten Südamerika. Dabei lernten sie natürlich auch die Kartoffel kennen und nahmen sie als Goldknollen mit nach Spanien. Von Spanien reisten sie nach Irland und wurden dort begeistert aufgenommen und vor rund dreihundert Jahren verliebten sich auch die Italiener in sie."
Susi blieb vor Staunen der Mund offenstehen, und sie fragte: „Aber woher haben die Kartoffeln eigentlich ihren komischen Namen?"
Auch das wußte Florian: „Man nannte sie zärtlich nach einem wertvollen Speisepilz, der in der Erde wächst und so ähnlich aussieht wie sie. Der Pilz heißt Trüffel und ist sehr kostbar, wie die Kartoffel auch. Die Knollen hieß man zuerst liebevoll „Tartuffoli". Daraus wurde dann Tartuffel, Kartuffel und schließlich Kartoffel."
Susi hatte sich inzwischen wieder etwas gefangen, und sie meinte: „Ja, aber an den Knollen ist doch nichts Besonderes dran. Sie haben doch nur schmutzigbraune Kittel."
Sofort fiel ihr Florian ins Wort: „Einen Moment bitte! Zunächst wurde die Schönheit der Kartoffeln von den Leuten gelobt. Die weißen Blütenglöckchen gefielen ihnen so sehr, daß sie von allen als Zierpflanzen bewundert wurden. Und vor den grünen Giftbeeren über der Erde hatte ein jeder eine ‚Mordsachtung'. Die unterirdischen Knollen wurden erst viel später berühmt."
Jetzt schüttelte Susi geringschätzig den Kopf und meinte: „Aber bei uns in Deutschland sind sie ja wohl nicht besonders angesehen."
Da rief Florian: „Oh, das meinst nur du. Vor rund zweihundert Jahren war in Deutschland, genauer gesagt in Preußen,

eine große Hungersnot. Damals befahl König Friedrich II., übrigens ein guter Kartoffelfreund: ‚Alle Bauern müssen ab sofort Tartuffeles anpflanzen, ernten und sie essen. Sie schmecken hervorragend und bewahren die Menschen vor dem grimmigen Hunger.' Doch was taten die Bauern? Sie trauten sich zunächst nicht. Denn: Was ein Bauer nicht kennt, das frißt er nicht. Sie glaubten so wie du, mit ihren unansehnlichen Knollen sei nichts anzufangen. Manche warfen sie deshalb heimlich weg, obwohl das der König verboten hatte. Andere probierten sie roh und spuckten sie dann angewidert aus. Ein paar ganz Dämliche aßen die grünen Beeren. Sie wußten nicht, daß die giftig sind. Sie bekamen daraufhin entsetzliches Bauchweh und rührten die Kartoffeln nachher natürlich nicht mehr an. Es hat über dreißig Jahre gedauert bis auch die Deutschen die Kartoffeln zu lieben begannen. König Friedrich mußte den Bauern Geldstrafen androhen, wenn sie sie noch einmal wegwerfen würden. Ja, dieser kluge König zwang die Leute zu ihrem Glück. Endlich lernten sie, wie man die braunen Knollen anpflanzen und ernten mußte, und vor allem, was man aus ihnen für herrliche Leckereien zubereiten kann."
Susi grinste frech und rief: „Na, was denn schon? Kartoffelsalat, sonst doch nicht viel anderes, oder?"
Florian brauste jetzt auf: „Na, dann hör mal gut zu, du Besserwisserin. Aus Kartoffeln kann man folgende Köstlichkeiten kochen: Kartoffelbrei, -knödel, -chips, -kroketten und -puffer, Kartoffelsalat, -schnee, -suppe und -nudeln, Kartoffelspatzen, -gemüse, -schmarrn, -stritzel und -schnaps, geröstete, gebratene und heiße Kartoffeln mit Butter, Kartoffelpürree . . ."
„Halt! Halt! Hör auf!" winkte Susi bettelnd ab. „Jetzt fehlt ja nur noch Kartoffelbier und Kartoffelpudding, Kartoffelkuchen und -torte . . ."
Da meinte Florian: „Du wirst lachen, auch süße Kartoffeltorte und Kartoffelkuchen sind beliebte Spezialitäten. Da schaust du, was?"
Kleinlaut gab Susi jetzt zu: „Na, schon gut. Ich glaube dir ja. Aber Superstars sind die Kartoffeln trotz allem halt doch nicht."

Florian widersprach schon wieder: „Denkst du, du Schlaumeierin! Die Kartoffeln sind bei Mensch und Tier gleichermaßen beliebt und wichtig wie Brot und Wasser. Sie stehen damit auf der Hitliste der Nahrungsmittel auf Platz Nummer 1. Sie sind weltberühmt und in allen Ländern Stars. Da schaust du, was. Ja, sie sind eben sehr nahrhaft, gut bekömmlich, und kein Mensch ißt sich je an ihnen ab. Sie enthalten lauter gesunde Sachen wie Wasser, Eiweiß und vor allem auch Stärke. Die macht diejenigen, die sie essen, stark und gibt ihnen Kraft."
Susi staunte: „Woher weißt du denn das alles?" Und sie fügte scherzend hinzu: „Fast glaube ich, du bist selbst eine Kartoffel. Aber da würdest du nicht soviel wissen, denn Kartoffeln sind ja bekanntlich blind."
Florian schüttelte den Kopf: „So, meinst du? Du hast wohl noch nichts von den Kartoffelaugen gehört, von denen sie gleich mehrere besitzen. Aber die Kartoffeln haben es ja gar nicht nötig, mit ihnen auch noch sehen zu können. Sie werden gesehen, meine Liebe, und wie! Hunderte von Millionen Tonnen sind von ihnen jährlich gefragt. Da bleibt dir die Luft weg, was?"
Susi gab sich geschlagen: „Das schon, aber wenn sie halt ein nicht gar so häßliches Kleid hätten!"
Florian schnaufte auf: „Du bist vielleicht ahnungslos. Ihre braune Schale ist doch nur ein Schutzanzug. So wie ein Korken die Flüssigkeit in einer Flasche vor dem Vertrocknen schützt, so hält die Schale die Kartoffeln saftig, frisch und jung, und das über viele Wochen hinweg. Aber wenn sie einmal ihre Schutzkittel ablegen, erstrahlen sie wie edle Prinzen in Paradeuniformen goldgelb und duften dazu wie hübsche Prinzessinnen, so daß jedem, der sie sieht und riecht, sofort das Wasser im Munde zusammenläuft."
Susi gab kleinlaut zu: „Da hast du recht. Tja, da sieht man es wieder einmal. Man sollte erst dann über einen anderen ein Urteil abgeben, wenn man ihn genau kennt. Tut mir leid, Florian, daß ich die Kartoffeln so abfällig behandelt habe. Das sind ja wirklich Prachtburschen!"
Florian brummte zufrieden: „Schön, daß du das endlich ein-

siehst. Und noch eines nebenbei: Wir Kinder können die herrlichsten Sachen aus ihnen basteln wie Kartoffelpuppen, und mit Kartoffelstempeln können wir die schönsten Bilder entstehen lassen. Und außerdem haben berühmte Schriftsteller zu Ehren der Kartoffeln schon feine Gedichte und lustige Geschichten geschrieben. Du kennst doch bestimmt das Märchen vom Kartoffelkönig. Und Könige sind die Kartoffeln ja wirklich, und deshalb verdienen sie es auch, daß ein großes Kartoffelfest für sie gefeiert wird, ja?"
Susi nickte begeistert: „Einverstanden, richte Majestät Kartoffel aus, daß ich zu deinem Fest kommen werde."
Florian freute sich: „Das finde ich prima von dir, denn du wirst dich nachher noch lange an unser tolles Kartoffelfest erinnern."

AS

Das Jahr der Erntefeste

Es war einmal eine Lehrerin, und diese Lehrerin war eine kluge Frau. „Warum", sagte sie im Frühling zu ihrer Klasse, „muß das Gelände hinter dem Schulhof so wüst aussehen? Soviel Abfall liegt hier herum, und das Unkraut ist auch kein schöner Anblick. Ich habe eine bessere Idee."
Gesagt, getan! In einer der nächsten Stunden räumte sie mit ihrer Klasse zuerst einmal den Abfall weg, und alle machten mit, wenn auch einige zunächst meckerten. An einem anderen Tag jäteten sie das Unkraut, und wieder an einem anderen Tag gruben sie den Boden um. Es war ein schweres Stück Arbeit, doch das Grundstück sah nun sehr sauber aus. Puh, dachten einige aus der Klasse, wir haben es geschafft! Doch ein paar Tage führte die Lehrerin die Kinder wieder zu dem Grundstück. „Nun wird gesät und gepflanzt!" sagte sie.
Sie zeigte den Kindern, wie man Beete und Trampelpfade anlegt, wie man Kartoffeln, Zwiebeln und Bohnen in die Erde steckt, wie man Tomaten, Paprika und Sellerie pflanzt, wie man Salat, Radieschen, Möhren, Gurken, Kürbisse und Kräuter aussät. „Und damit unser Garten nicht so langweilig

aussieht“, sagte sie am Ende, „sorgen wir noch für ein paar bunte Farbtupfer.“ Sie öffnete ein paar Tütchen und schüttete die Samen in einen Topf. Dann durfte sich jedes Kind eine Handvoll dieser Blumensamen nehmen und aussäen.
Doch auch jetzt war die Arbeit nicht getan. „Wir müssen jetzt gut auf unseren Garten aufpassen“, erklärte die Lehrerin. „Wir müssen gießen, Unkraut jäten, Schnecken aufsammeln, die Saatreihen auslichten, hacken, rechen und ... und ... und ...“
„Oje“, sagte eines der Kinder. „Was für eine Arbeit! Und dann dauert es noch so lange, bis man die Pflanzen ernten und essen kann!“
Und ein anderes Kind meinte. „Es ist viel einfacher, in den Supermarkt zu gehen und Salat, Möhren oder Kartoffeln aus dem Regal zu nehmen.“
„Aber eigenes Gemüse schmeckt bestimmt besser“, rief ein drittes Kind. „Und Spaß macht so ein Garten auch.“
Dem stimmten alle zu. Es machte wirklich Spaß, einen eigenen Gemüsegarten zu haben, und in der Pause gingen die Kinder oft in ihren Garten und freuten sich an den Pflanzen, die unter der guten Pflege wuchsen und gediehen. Auch an den Nachmittagen und in den Ferien trafen sie sich hier, und als der Sommer kam, grünte und blühte es üppig und bunt in dem kleinen Garten hinter dem Schulhof.
Ein besonderer Festtag war der erste Erntetag. „Heute feiern wir ein Salatfest“, sagte die Lehrerin, und dann ernteten sie Radieschen, Salat, Schnittlauch, Petersilie und Zitronenmelisse und bereiteten einen großen Topf Salat zu. Hm, der schmeckte! Noch nie hatte Salat so gut geschmeckt. Es war wie ein kleines Fest, und die Kinder hatten viel Spaß dabei.
Es gab noch viele Feste in diesem Sommer: ein Bohnenfest, ein Kräuterfest, ein Tomatenfest, ein Möhrenfest und immer wieder Salatfeste, ja, und Blumenfeste.
„Schule ist schön!“ sagte ein Kind, das früher immer „Schule ist doof!“ gesagt hatte. Und ein anderes Kind meinte nachdenklich: „In unserem Garten kann man richtig lernen! Ohne Bücher und Hefte und Hausaufgaben.“
Die Lehrerin lächelte. Der Herbst kam, und es wurde Zeit,

die Kartoffeln zu ernten. Und die Kinder ernteten so viele Kartoffeln, daß sie sie alleine gar nicht aufessen konnten. „Wir laden die ganze Schule ein", schlug eines der Kinder vor. „Au ja!" riefen die anderen. „Wir machen ein Herbsterntefest."
Und sie deckten auf dem Schulhof einen langen Tisch mit Blumen, Möhren, Tomaten, Paprika, Zwiebeln, Kräutern und Salaten. Auf dem abgeernteten Kartoffelbeet loderte ein Kartoffelkrautfeuer, und darin garten die besten Kartoffeln auf der Welt. So sagten es die Kinder, und wenn sie es so sagten, dann stimmte es auch. Die Kartoffeln schmeckten wirklich köstlich, und alle aßen sich satt.
Es wurde ein tolles Erntefest mit viel Spaß, Lachen und Appetit. „Wir möchten auch einen Garten haben", riefen die Kinder aus den anderen Klassen. „Dabei können wir euch helfen", boten sich die Kinder aus der Klasse der klugen Lehrerin an. „Wir haben das nämlich jetzt gelernt." Die kluge Lehrerin lächelte, und man sah ihr an, daß sie sich freute.

EB

Erntedank

Mancher Städter scheint heute oft der Ansicht zu sein, daß nur die Bauern für die Ernte dankbar zu sein hätten, nicht aber er. Dabei bedenkt er nicht, daß er ohne die unermüdliche Arbeit der Landwirte kein tägliches Brot hätte. Aber auch deren Arbeit würde nichts nützen, wenn schlechte Witterungsverhältnisse die Früchte des Feldes nicht gedeihen ließen.
Wer aber ist für das Wetter verantwortlich? Nun, gläubige Menschen sagen, es sei Gott. Sie danken ihrem Schöpfer für alle Gaben, indem sie feierliche Gottesdienste abhalten. Alle Getreidefelder sind jetzt längst abgemäht, Kraut und Rüben geerntet, die Kartoffeln ausgegraben und die Maiskolben eingefahren. Auch in den Gemüse- und Obstgärten ist die Ernte eingebracht. Nun ist es Zeit, danke zu sagen.
Die Altäre in den Kirchen sind mit Erntekronen geschmückt,

die sämtliche Früchte enthalten, die auf den Feldern und in den Gärten gewachsen sind. In feierlichen Prozessionen werden Erntekränze ins Gotteshaus getragen. Dort segnet der Pfarrer alle Früchte und dankt Gott für die Erntegaben.
Über aller Freude dürfen wir so reich beschenkten Menschen aber nicht vergessen, daß auf der Welt viele Länder zu finden sind, in denen die Bewohner Hunger leiden, weil es dort Mißernten gegeben hat. Wer Erntedank feiern kann, sollte diesen Menschen großzügig helfen. Mit Spenden erreichen wir, daß auch sie Dank fühlen können für die Nächstenliebe, die sie durch uns erfahren.

AS

Afrika ist überall

Beim Mittagessen ist Papa böse auf Katja. Katja mag nämlich nicht ihren Teller leer essen. „Den doofen Reis“, mault sie, „mag ich nicht essen. Und das Fleisch mit der komischen Soße auch nicht.“
„Iß!“ sagt Papa. „Das Gulasch schmeckt prima und der Reis auch.“
„Mir schmeckt's aber nicht“, meckert Katja und schiebt ihren Teller weg. „Ich hab' auch gar keinen Hunger mehr.“
Papa sieht Katja böse an. „Hunger?“ fragt er, und seine Stimme klingt anders als sonst. Richtig streng. „Weißt du, was Hunger ist? In Afrika, da freuen sich Kinder über eine Handvoll Reis. Mehr kriegen die nicht am Tag. Wenn überhaupt . . .! Und nun iß!“
Katja schüttelt den Kopf. Sie hat sich heute so auf Nudeln mit Tomatensoße und Fleischklößchen gefreut. Nicht aber auf Reis. „Ich mag dieses Essen aber nicht!“ schimpft sie. „Und diesen dummen Reis mag ich schon gar nicht. Afrika ist so weit weg.“
„Schade“, sagt Papa, und jetzt klingt seine Stimme traurig. „Afrika ist überall“, murmelt er und trägt Katjas Teller mit dem Gulasch und dem Reis in die Küche.
Afrika ist überall? Den ganzen Nachmittag muß Katja dar-

über nachdenken. Sie denkt an die hungrigen Kinder in Afrika. Nur eine Handvoll Reis am Tag? Das ist sehr wenig. Und die Kinder in Afrika freuen sich darüber! Ob ihnen Reis so gut schmeckt? Oder ob sie vielleicht nicht auch viel lieber Nudeln mit Tomatensoße oder Pizza oder Hamburger mit Pommes und Ketchup oder Schokoladeeis essen würden?
„Arme Kinder“, murmelt Katja, und irgendwie tut es ihr im Bauch weh, wenn sie an Afrika denkt.

EB

Tina will auch helfen

Gestern hat Tina mit Vati im Fernsehen die Nachrichten angesehen. Eigentlich mag Tina keine Nachrichten sehen, aber da waren viele Kinder in einem Krankenhaus. Dünn haben sie ausgesehen, die Kinder, und arm und krank. In ihrem Land ist nämlich Krieg. Trotzdem haben diese Kinder Tina aus dem Fernseher entgegengelacht. Dann ist ein Bericht aus Afrika gekommen. Seit vielen Jahren hat es da nicht mehr geregnet, und die Bauern konnten auf ihren Feldern nichts ernten. Jetzt haben die Menschen Hunger. Es gibt nichts mehr zu essen. Ganz dürre Arme und Beine haben die Kinder, ihre Bäuche aber sind kugelrund und dick.
„Warum haben die Kinder so dicke Bäuche?“ hat Tina gefragt.
„Das ist der Hunger“, hat Vati geantwortet.
„Komischer Hunger“, hat Tina gemeint.
Und die Kinder haben Tina aus dem Fernseher entgegengelacht. Komisch. Lange hat Tina darüber nachgedacht. Wie arm diese Kinder sind! Und hungrig. Und krank. Und trotzdem lachen sie.
Tina ist nicht zum Lachen zumute. Sie kann in der Nacht auch nicht gut schlafen, und am nächsten Morgen hat sie keinen Appetit auf ihr Müsli.
„Ich mag das nicht essen“, sagt sie leise und schiebt das Müsli zu ihrer Mutter hin. „Können wir das nicht für die armen, hungrigen Kinder aufheben?“

Tinas Mutti schüttelt den Kopf. „Das wird nicht gehen“, meint sie.
„Warum nicht?“ fragt Tina. Sie ist traurig. „Ich will aber helfen“, sagt sie. „Und wenn wir alle ein bißchen weniger essen, müssen die Kinder in Afrika und in diesem Kriegsland nicht verhungern.“
Tinas Mutti seufzt. „Wenn es so einfach wäre! Da mußt du schon Geld spenden! Viel Geld!“
„Werden die Kinder von viel Geld satt?“ fragt Tina und überlegt, wieviel Geld in ihrem Sparschwein sein mag.
„Vielleicht“, meint Vati. „Wenn das Geld in die richtigen Hände kommt. Doch das ist immer so ein Problem.“ Vati schüttelt den Kopf. „Also nein, ich weiß mir auch keinen Rat ...“
Komisch. Tina wundert sich. Sonst wissen die Erwachsenen doch auch immer alles! Aber Tina will nicht aufgeben. Nachher, im Kindergarten, wird sie mit ihren Freunden über die hungrigen Kinder sprechen. Vielleicht hat Frau Schulze eine Idee? Irgend jemand muß doch wissen, wie man den armen, hungrigen Kindern helfen kann, oder?

EB

Elfter Elfter elf Uhr elf

Am 11. November findet nicht nur das Martinsfest statt. Am Vormittag wird auch der Fasching ausgerufen und das närrische Prinzenpaar gekrönt. Natürlich finden jetzt noch keine Faschingsbelustigungen statt. Dies würde auch in die kommende Zeit der adventlichen Besinnung, die sechs Wochen dauert, nicht so recht passen. Aber die Karnevalsgruppen beginnen nun alle Veranstaltungen, Festzüge und Bälle zu organisieren, damit das närrische Treiben im Januar sofort auf volle Touren kommt. Der Martinstag wurde deshalb auch als Faschingsbeginn gewählt, weil es der letzte große Festtag vor der stillen Adventszeit ist. Und an diesem Tag darf man auch noch singen:

Am Elften elften elf Uhr elf
da bricht der Fasching aus.
Das Prinzenpaar wird heut gekrönt
und zieht ins Land hinaus.
Es plant das tolle Treiben dort,
das jeder Narr gern mag.
Im Januar geht es dann rund
nach dem Dreikönigstag.

AS

Der lachende Kürbis

Traurig und vergessen lag ein Kürbis auf dem Feld. Er fühlte sich so alleine! Eines Tages kamen Kinder und tobten mit ihren Drachen über das Feld.
„Hallo", rief der Kürbis. „Hier bin ich. Hiier!" Er rief und rief, und schon kamen die Kinder herbeigelaufen.
„Ein Kürbis!" jubelten sie. „Den nehmen wir mit. Für unseren Laternenzug!"
Laternenzug? Der Kürbis freute sich. Daheim verzauberten ihn die Kinder in ein Gesicht mit Augen, Nase und einem lachenden Mund. Als es dunkel wurde, klebten sie eine brennende Kerze in seinen Bauch. Oh, wie hatte er sich verwandelt! „ Ich möchte die schönste Laterne im ganzen Laternenzug sein!" dachte der Kürbis.
Und das war er auch. Vorsichtig trugen die Kinder das lachende Kürbisgesicht durch die Straßen und sangen wunderwunderschöne Laternenlieder. Später stellten sie ihn aufs Fensterbrett und klebten jeden Abend eine neue Kerze in seinen Bauch. Der Kürbis war glücklich. „Schööön!" dachte er und lachte. Er lachte und lachte und lacht noch immer jeden an, der am Fenster vorbeikommt.

EB

Das Haus der lachenden Gesichter

„Sieh nur“, rief Petra, „ein Kürbisfeld.“ Aufgeregt rannte sie über das abgeerntete Feld, auf dem noch ein paar schöne dicke runde Kürbisse lagen. „Da nehmen wir einen mit“, rief sie und winkte ihrem Bruder Hannes, der auf dem Weg stehengeblieben war. „Fürs Martinsfest.“
„Was willst du hier mit einer Kürbislaterne?“ brummte Hannes. „Die lachen uns doch aus!“
„Bestimmt nicht“, meinte Petra.
„Bestimmt doch“, entgegnete Hannes. „Hier in der Stadt ist alles anders! Da feiert man kein Martinsfest mit Kürbisgesichtern. Und überhaupt . . .!“
Traurig starrten die Geschwister auf das Kürbisfeld. Alles war anders geworden seit ihrem Umzug in die Stadt. So düster und laut und freudlos. Am meisten graulten sich Petra und Hannes vor dem Hochhaus am Stadtrand mit seinen grauen Balkonen, den engen Fluren und dem schmutzigen Fahrstuhl. Genauso grau und düster waren die Leute, die in dem Haus wohnten. Da sagte keiner guten Tag oder hallo, wenn man sich im Flur oder im Fahrstuhl traf. Es war so anders als daheim im Dorf, wo jeder jeden kannte. Petra und Hannes hatten oft Heimweh, und dann blickten sie fast genauso düster wie die Leute im Hochhaus.
„Und ich nehm’ doch einen Kürbis mit“, rief Petra und warf einen bösen Blick auf das Hochhaus hinter den Feldern.
Hannes zuckte die Achseln. „Na gut“, nuschelte er.
Dann suchten sie sich den schönsten und größten Kürbis aus und trugen ihn vorsichtig nach Hause. Hannes freute sich nun auch ein bißchen, und als sie daheim den Kürbis in ein lachendes Gesicht verwandelten, war es fast wie früher.
Als ihre Eltern abends heimkamen, grüßte sie schon von weitem ein lachendes Kürbisgesicht, hinter dem Kerzenlicht hell flackerte, vom Küchenfenster herunter. „Das habt ihr schön gemacht“, rief Vati schon an der Tür.
„Ja“, sagte Mutti leise, „es ist wie daheim.“
„Und gar nicht mehr grau, nicht wahr?“ fragte Petra.

„Nein“, sagte Vati, „das Hochhaus sieht richtig freundlich aus mit eurem fröhlichen Gesicht.“
Da freuten sich Petra und Hannes, und heute fanden sie es gar nicht mehr so schlimm in der Stadt. Das Kürbisgesicht lachte und strahlte den ganzen Abend auf die Straße hinunter, und die Leute blieben staunend vor dem Haus stehen.
Am nächsten Tag klingelte das Telefon. „Hallo“, sagte eine Jungenstimme, „ich bin der Dirk. Sag, wo gibt es solche tollen Gesichter?“
„Na, draußen“, sagte Hannes, „auf dem Feld.“
„Auf dem Feld? Na gut, danke“, sagte Dirk und legte auf.
Hannes ärgerte sich. Warum hatte dieser Dirk so schnell aufgelegt? Er hätte ihn gerne kennengelernt. „Die sind alle blöd hier“, schimpfte er. Doch bevor er sich noch lange ärgern konnte, klingelte es an der Haustür. Es war Dirk, und er hatte seine Freunde, Pit, Tobias und Anja, mitgebracht. „Zeigt ihr uns das mit den Gesichtern?“ fragte Dirk.
Petra und Hannes klopften die Herzen vor lauter Freude über diesen Besuch. Doch Hannes wollte das nicht zeigen. „Na ja“, meinte er gedehnt, „wenn ihr unbedingt wollt!“
Petra klatschte vor Freude in die Hände und rief: „Au ja!“
Dann marschierten sie zum Kürbisfeld, und Dirk, Pit, Tobias und Anja suchten sich die schönsten und größten Kürbisse aus. Es wurde ein lustiger Nachmittag. Dirk, Pit, Tobias und Anja stellten sich nämlich bei dem Gesichterausschneiden ziemlich ungeschickt an. Sie hatten es schließlich auch noch nie gemacht. Doch mit Petra und Hannes' Hilfe verzauberten sie die Kürbisse in fröhlich breit lachende Gesichter. Am Abend leuchteten fünf lachende Gesichter den Leuten aus den Fenstern des Hochhauses entgegen. Die Leute staunten nicht schlecht, und einige brachten so etwas wie ein Lächeln über die Lippen, und darüber staunten sie noch mehr. Klar, am nächsten Abend waren es dann 9 lachende Kürbisgesichter in 9 Fenstern, am übernächsten Abend 16, und dann über 20. Man konnte sie fast nicht mehr zählen, so viele waren es. Das einst so finstere Hochhaus lachte den Menschen nun schon von weitem entgegen, und lachend grüßten auch die Menschen einander. Petra und Hannes und Dirk, Pit, Tobias

und Anja aber hatten alle Hände voll zu tun. Immer mehr Kinder kamen und wünschten sich ein Kürbisgesicht, und bald standen auch in den Fenstern einiger Nachbarhäuser lachende Kürbisgesichter.
Eines Tages aber kamen die Erwachsenen von der Arbeit und wunderten sich. Alle Fenster waren dunkel. „Oh“, riefen sie, „wo sind die lachenden Gesichter geblieben?“ – „Sie waren so schön!“ – „Wird es jetzt wieder finster bei uns?“ Aufgeregt standen sie vor dem Hochhaus, diskutierten, fuchtelten mit den Armen und starrten die finsterdunklen Fenster an. „Schade.“
Doch auf einmal war ein leises Singen zu hören. Es wurde laut und lauter, und dann bog ein Laternenzug mit vielen leuchtenden, lachenden Kürbisgesichtern um die Ecke.
„Heute ist St. Martinstag“, sangen die Kinder, „wir laden alle ein, bei unserem Laternenzug mit hellem Lichterschein dabeizusein.“
„Ach so“, riefen die Erwachsenen, „heute ist Martinstag.“
Und einige erinnerten sich an früher und schlossen sich dem Zug an, andere versuchten, die Lieder mitzusingen, und weil sie die Texte nicht mehr wußten, sangen sie einfach „lalalala...“. Doch das machte nichts. Es war ein schöner Umzug, rund um das sonst so dunkle Wohnviertel, und so etwas hatten die Bewohner der hohen, grauen Häuser bisher nie erlebt.
„Fast so schön wie daheim“, sagte Petra strahlend.
„Nein“, meinte Hannes, „viel schöner. Weil es das hier noch nie gegeben hat.“
„Ja“, rief Dirk, „das machen wir jetzt immer.“
„Au ja“, riefen die Kinder.
„Prima“, klatschten die Erwachsenen, und sie unterhielten sich miteinander und lachten und freuten sich.
Später stellten die Kinder ihre lachenden Gesichter wieder in die Fenster, und da sollten sie auch eine Weile stehenbleiben. Es war ein bißchen heller geworden und wärmer im Wohnviertel, für Petra und Hannes, für die Kinder im Wohnviertel und auch für die Erwachsenen – und das im grauen Nebelmonat November!

EB

Der Laternenstern

„Wie gerne würde ich einmal auf der Erde leuchten!“ dachte der Milchstraßenstern. Er sah zu seinen Sternenkollegen hinüber, die im Milchstraßensternengefunkel miteinander um die Wette strahlten. „Hier wird mein Licht nicht gebraucht!“ brummte er. Doch wie sollte er zur Erde gelangen? Das war nicht einfach! Der Milchstraßenstern seufzte. „Ach, wenn nur ein Wunder geschähe!“

Eines Tages hörte er ein leises Weinen. Der Milchstraßenstern erschrak. Kam das von der Erde? Da fiel sein Blick wie von selbst auf das Mädchen. Es saß in einer dunklen Gasse auf der Bordsteinkante vor einem bunten Papierknäuel und weinte. „Meine Laterne“, schluchzte es, „oh, meine Laterne. Nun ist sie kaputt, und ich kann nicht zum Laternenzug gehen!“

Laternenzug? Das klang ja wie Sternenzug! Der Milchstraßenstern blinzelte.

Da hob das Mädchen den Kopf. „Ach“, sagte es, „wenn nur ein Wunder geschähe!“

Ein Wunder? Der Milchstraßenstern wußte nicht, wie ihm geschah, und eins, zwei, drei, lag er in der dunklen Gasse neben der zerfetzten Laterne. Das Mädchen staunte. Eine wunderschöne Laterne lag vor ihr, ein Licht, so funkelnd und hell wie ein Stern! Das Mädchen jubelte. Schnell hob es die neue Sternenlaterne auf und rannte den Kindern hinterher zum Laternenzug.

EB

Wie Sankt Martin lebte

Ein jeder kennt natürlich die Geschichte vom heiligen Martin und dem Bettler. Sie passierte vor fast 1700 Jahren. Damals war Martin ein römischer Offizier. Er ritt an einem kalten Wintertag durch Gallien, das damals eine römische Provinz war. Heute liegt dieser Ort in Frankreich.

Plötzlich sah Martin am Wegesrand einen zerlumpten Bettler

sitzen. Er wollte ihm sofort helfen, aber er hatte kein Geld bei sich. Da zog er kurz entschlossen sein Schwert und schnitt seinen großen Mantel entzwei. Die eine Hälfte reichte er dem Bettler, der ihm dafür dankte. Martin ritt danach weiter in sein Quartier. In der Nacht schreckte er aus dem Schlaf hoch. Er sah vor sich den Bettler stehen, in seinen Mantel gehüllt. Und da erkannte Martin an dessen Händen und an der Brust die Wundmale von Jesus Christus. Dazu ertönte eine Stimme: „Was du diesem Bettler getan hast, das hast du mir getan." Danach war die Erscheinung wieder verschwunden.

Martin begann nachzudenken. Er entschloß sich, nicht mehr länger Soldat zu bleiben und mit dem Schwert Menschen zu töten. Statt dessen wollte er lieber den Armen helfen. Er legte deshalb seine Waffen ab und ließ sich zum Priester weihen. Von nun an pflegte er die Kranken, tröstete die Traurigen und gab den Bettlern das Nötigste zum Leben. Sogar den Tieren versagte er seine Hilfe nicht. So rettete er einmal bei einer Treibjagd einen verfolgten Hasen, indem er den bissigen Hunden befahl: „Halt, bleibt stehen! Laßt das arme Tier in Frieden!" Die Hunde gehorchten und stürzten sich nicht auf den Hasen, der so entkommen konnte.

Aber noch ein anderes Tier hat mit Martin zu tun, die Martinsgans, die am 11. November vielerorts als saftiger Festtagsschmaus aufgetischt wird. Warum muß das gerade eine gebratene Gans sein? Weshalb geht nicht auch ein Schweinebraten oder ein gebackener Fisch? Um das zu verstehen, muß man folgende Geschichte kennen:

Als die armen Leute ihren Martin immer mehr liebten, weil er so hilfsbereit und freundlich zu ihnen war, wollten sie ihn eines Tages kurzerhand zu ihrem Bischof wählen. Martin hörte davon, aber das war ihm nun gar nicht recht. Er mochte kein Anführer sein, er wünschte sich vielmehr, arm und zurückgezogen zu leben. Doch es dauerte nicht lange, da suchten ihn die Menschen. Sie wollten ihn bedrängen, doch ihr Bischof zu werden. Als Martin die lärmende Menge näherkommen hörte, verkroch er sich in seiner Not im Gänsestall. Er hoffte, daß man ihn dort nicht finden würde. Mucksmäuschenstill saß er in seinem Versteck. Aber die Gänse wurden durch den

Eindringling unruhig und fingen schließlich laut zu schnattern an. Sie schlugen aufgeregt mit den Flügeln und verrieten auf diese Weise den Schlupfwinkel. Die Leute entdeckten Martin und trugen ihn im Triumpfzug mit sich. Sie redeten nun so lange auf ihn ein, bis er sich bereit erklärte, das Bischofsamt doch zu übernehmen.

Die Nachkommen der Martinsgänse aber müssen nun die Suppe auslöffeln, die ihnen ihre Vorfahren eingebrockt haben, als sie das Versteck des heiligen Martin verrieten. An seinem Festtag müssen viele ihr Leben lassen, um beim Festmahl als Leckerbissen aufgetischt werden zu können. Aber anstatt sie zu schlachten und zu braten, sollte man diese Vögel lieber freundlich behandeln. Schließlich haben sie Martin ja nichts Böses angetan, sondern ihm nur zum Bischofsamt verholfen.

Als Bischof setzte sich Martin aber nicht auf einen prächtigen Ehrenthron, sondern auf einen ganz normalen Stuhl. Er hauste auch nicht in einem prachtvollen Bischofspalast, sondern in einem einfachen Felsenkloster. Die Mönchszellen waren einfache Nischen, die man in die Felswände geschlagen hatte. Dort lebte Martin selbst wie ein Bettler. Er half den Armen bis ins hohe Alter von 80 Jahren. Da ahnte er, daß er bald sterben würde, denn er fühlte sich schwach und krank und konnte sich kaum mehr auf den Beinen halten. Seine Freunde wollten ihm jetzt Stroh auf das Krankenlager legen. Martin wehrte ab. Ihm reichte es völlig, daß man ihm Asche aufschüttete, über die man einen Sack breitete. Mehr brauchte er auch nicht in seiner Todesstunde.

Am 8. November starb der Heilige und am 11. November wurde er begraben. An diesem Tag feiern wir deshalb auch sein Fest. Weil er in das dunkle Leben der armen Menschen soviel Licht gebracht hatte, veranstalten die Kinder jedes Jahr einen prächtigen Lichterzug in der Nacht und singen ihm zu Ehren Martinslieder. Mit diesem Tag beginnt nun auch die Vorweihnachtszeit, und wir dürfen uns mit Sankt Martin schon jetzt auf Weihnachten freuen.

AS

Der halbe Mantel

Lena, Timo und Jens spielen St. Martin. Lena ist der Martin, Timo spielt den Bettler und Jens das Pferd. Das Spiel beginnt, und der heilige Martin reitet herbei.
„Hü, hü“, ruft Martin, und Jens, das Pferd, keucht und schnauft und trägt den Lena-Martin kreuz und quer durchs Zimmer. „Hü,hü! Halt! Brrrrrrr!“ Martin und Pferd halten vor einer zusammengekrümmten Gestalt in der Ecke.
„Wer bist du?“ fragt Martin barsch.
Der Fremde hebt scheu den Kopf. „Ich bin ein armer Bettler“, sagt er.
„Ein Bettler?“ fragt Martin, und seine Stimme klingt freundlicher. „Dann frierst du und brauchst meinen halben Mantel.“
„Deinen halben Mantel?“
Martin nickt, steigt vom Pferd, zieht seinen Mantel aus und greift zur Schere.
„A-aber ich friere nicht“, ruft der Bettler schnell.
„Du mußt aber frieren!“ schmollt Martin.
„Nein! Ich habe nur Hunger.“ Der Bettler greift zur Schokolade auf dem Regal. „Die kannst du mit mir teilen, heiliger Martin!“
„Die Schokolade teilen?“ fragt St. Martin mürrisch. „Dazu hab’ ich keine Lust.“
„Dann bist du auch kein rechter Martin“, schimpft der hungrige Bettler.
Der heilige Martin denkt nach. „Gut. Du bekommst die Hälfte – obwohl mir das mit dem Mantel lieber wäre . . .“
„Ich will auch Schokolade“, ruft das Pferd.
Martin seufzt, dann teilt er die Schokolade in drei gleiche Häufchen.

EB

Nikolaus und Advent

Kommt der Nikolaus nun im Herbst oder im Winter? Du meinst im Winter? Irrtum! Der Winter fängt bekanntlich erst am 22. Dezember an. Bis zum 21.12. ist also noch Herbstzeit. Und deshalb besucht der Nikolaus die Kinder im Herbst, und auch die Adventskerzen erstrahlen in der Herbstzeit. Tja, so kann man sich täuschen.

AS

Besinnlicher Herbst

Onkel Niki und Tante Luise

Es ist ein freundlicher Spätherbsttag. Ulla und Daniel haben Onkel Niki versprochen, ihn auf den Friedhof zu Tante Luises Grab zu begleiten. In der Nacht hat es gestürmt, und viele gelbe Blätter liegen auf den Wegen. Nur mühsam schieben Ulla und Daniel Onkel Niki in seinem Rollstuhl durch diese Blätterflut.
„Es riecht nach Herbst“, sagt Onkel Niki und atmet tief durch. „Ich finde, der Herbst riecht gut. Würzig und auch ein bißchen herb.“
„Das sind die toten Blätter“, meint Daniel und kickt ein paar Blätter vor sich her. „Die riechen. So'n bißchen faul. Wie totes Zeug eben so riecht.“
Ulla ist entsetzt. „Du meinst, der Tod riecht gut?“ fragt sie.
Erstaunt sieht Onkel Niki Ulla an. „Der Herbst riecht gut“, sagt er dann nach einem kurzen Überlegen. „Aber der Tod? Na, ich weiß nicht.“
„Aber wenn doch der Herbst nach toten Blättern riecht!“ meint Ulla.
„Da hast du recht“, meint Onkel Niki. „Tote Blätter riechen irgendwie gut, oder?“
„Vielleicht ist es ja gar nicht so schlimm, das mit dem Totsein?“ überlegt Ulla.
„Also, ich möchte noch lange nicht tot sein“, ruft Daniel.
„Das möchte niemand“, sagt Onkel Niki und lächelt, „aber irgendwann muß jeder sterben. So, wie diese Blätter hier.“
„Ich glaube“, meint Ulla. „Die Blätter finden das Sterben gar nicht so schlimm, denn sonst würden sie nicht so gut riechen.“
„Außerdem“, sagt Daniel, „wissen sie, daß im Frühling wieder neue Blätter wachsen werden.“
Ulla nickt. „Die haben es gut, die Blätter. Aber wie ist es mit den Menschen? Die wachsen nicht neu nach im nächsten Frühling.“

„Auch die Menschen leben weiter. Irgendwie, jeder auf seine Weise“, sagt Onkel Niki.
Sie sind vor Tante Luises Grab angelangt. Vorsichtig beginnt Ulla, die Blätter vom Grab herunterzufegen. „Wie leben die Menschen denn weiter?“ fragt sie.
„In ihren Kindern, in der Erinnerung, vielleicht auch in Dingen, die sie im Leben geschaffen haben.“
„Tante Luise auch?“
Da lacht Onkel Niki. „Wären wir sonst heute hier? Tante Luise ist jeden Tag bei mir. In meinen Gedanken. Manchmal spreche ich sogar mit ihr, und ich glaube, sie hört mir zu. Ja, und dann gibt es daheim so viele Dinge, die an sie erinnern. Die Fotografien, die Bücher, die Tischdecke, die sie gestickt hat, die Idee mit der Gartenbank . . .“
„. . . ja“, ruft Ulla aufgeregt, „und das Herz mit dem Namen ‚Luise‘, das du in den Nußbaum geritzt hast . . .“
„. . . und der Himbeersoßenfleck“, kichert Daniel. „Wißt ihr noch, wie Tante Luise gestolpert ist und den Teppich mit der Himbeersoße bekleckert hat. Oh, was haben wir gelacht.“
Ulla und Onkel Niki müssen lachen, als sie daran denken. „Und am allermeisten“, ruft Onkel Niki, „hat Tante Luise selbst darüber gelacht. ‚Was bin ich doch für ein Schussel!‘ hat sie gesagt und immerfort gelacht.“
„Ja, das war lustig.“ Ulla und Daniel lachen und lachen, und irgendwie ist es, als wäre Tante Luise bei ihnen und lachte mit.
Da wird Ulla auf einmal sehr ernst. „Ich glaube“, sagte sie leise, „eben hat sie mitgelacht. Ich habe sie gehört. Ganz bestimmt.“
„Ich auch“, sagt Onkel Niki leise, und eine Träne rollt über seine Backe. „Und jetzt laßt mich ein paar Minuten alleine hier mit Tante Luise, ja?“

EB

Ewig wie der Felsen hier

Endlich Ferien! Wie jedes Jahr fuhr Danni in den Herbstferien zu seinem Onkel Niki. Dort war es, fand Danni, am allerschönsten auf der Welt. Viel gab es zu sehen in dem kleinen Gebirgsdorf, Dinge, die für das Stadtkind Danni fremd waren. Gleich am ersten Tag wanderten Danni, Onkel Niki und die Teckel Fips, Trix und Hex zur Kaseralm, um die Berge zu begrüßen. Das taten sie jedes Jahr. Dort kletterte Danni auf den höchsten Hügel und rief so laut er konnte: „Hallo, ihr Berge! Ich bin wieder da! Juchhu!“ Dann machte er einen Luftsprung und stürmte jubelnd den Hügel hinunter, wo ihn der Onkel lachend auffing. Später saßen sie gemütlich im Gras, machten Brotzeit und sahen den Kletterern zu, die sich mit bloßen Händen am Kasererfelsen hochhangelten.
„Ein neumodischer Kram“, brummte Onkel Niki. „Ohne Seil und Haken gehn's da auf.“ Er schüttelte mißbilligend den Kopf.
Danni hatte schon viel von diesem neuen Klettersport gehört. „Das ist viel sportlicher“, erklärte er. „Und spannender...“
„Blödsinn ist's“ schimpfte der Onkel, „und leichtsinnig. Zum Klettern brauchst a Seil und an guten Gefährten.“
Danni aber war anderer Meinung: „Ich würde lieber so klettern – ohne Seil und so. Da müßte ich keine Angst haben, daß mein Seilpartner ausrutscht oder das Seil losläßt“, sagte er.
„A Schmarrn“, grollte der Onkel. „Auf einen guten Seilkameraden kann man sich verlassen.“
Danni sah den Onkel zweifelnd an. „Vati sagt immer: ‚Hilf dir selbst, sonst hilft dir keiner‘ – und: ‚Verlaß dich nicht auf andere!‘ Ja, und deshalb würde ich lieber alleine auf einen Berg klettern.“
Ernst hatte der Onkel zugehört. Er schwieg lange. „So darfst net denken“, sagte er dann und stand auf. „Komm mit! Ich zeig' dir 'was.“
Er marschierte los, so schnell, daß sich Danni und die Hunde sputen mußten, um ihn nicht aus den Augen zu verlieren. Längst hatten sie den Pfad verlassen. Der Boden war so glatt,

daß Danni immer wieder ausrutschte. Der Onkel stieg höher und höher den Grasberg hinauf. Endlich hielt er vor einem Holzkreuz. „Da, lies“, sagte er und deutete auf das Kreuz. Neugierig stellte sich Danni auf die Zehenspitzen und las die Inschrift auf den Balken:

Ewig wie der Felsen hier
bist du, Freund, bei mir!
Meinem Bergkameraden Niki
Anno 1919

„Der heißt wie du“, rief Danni aufgeregt. „Wer war das?“
„Das“, begann Onkel Niki, „war der Freund meines Vaters. Er starb, weil er meinen Vater rettete.“ Der Onkel atmete tief durch. Danni hing wie gebannt an seinen Lippen. „Rettete?“ fragte er atemlos. Der Onkel nickte. „Das ist eine lange Geschichte: Niki und mein Vater waren Freunde, und Bergsteigen war ihr liebstes Hobby. Eines Tages wollten sie auf den Kaserer hinauf – ein gefährlicher Aufstieg, den man nur zu zweit machen sollte. Vorne am Seil ging Niki, hinten mein Vater. Zunächst klappte auch alles gut. Oben aber passierte es: Mein Vater rutschte aus, und er wäre abgestürzt, wenn Niki ihn nicht mit allen Kräften gehalten hätte. Es war ein harter Kampf, und es dauerte lange, bis Niki ihn zu sich hochziehen konnte. Doch es kam noch schlimmer. Vater hatte sich den Fuß gebrochen, eine böse Sache oben im Fels. Und Niki war sehr erschöpft. Seine Hände bluteten. Trotzdem nahm er Vater huckepack auf den Rücken und machte sich an den Abstieg. Er trug ihn aus den Felsen heraus bis zu diesem Hang.“
Onkel Niki deutete hinauf und fuhr mit wehmütiger Stimme fort: „Und da oben ist es dann passiert. Weil der Niki so müde war, ist er auf dem glatten Gras ausgerutscht, und die beiden kullerten den Hang hinunter. Niki starb – hier . . .“
Der Onkel bückte sich, pflückte einen Alpenrosenzweig und steckte ihn an das Kreuz.
„Und dein Vater?“ fragte Danni.
„Der überlebte den Sturz. Aber er war lange Zeit sehr krank.

Die Wunden saßen tief – er hatte seinen Freund verloren. Das konnte er nicht verwinden. Ja, und weshalb ich Niki heiße, kannst dir denken."
Danni nickte. „Ohne den Niki gäbe es dich nicht", sagte er langsam, und er stellte sich vor, wie die beiden Freunde da oben im Felsen hingen – an einem dünnen Seil. „Wie gut, daß es das Seil gab – und Niki."

EB

Der Totenmonat

Der wohl traurigste Monat des Jahres ist zweifellos der November. Die goldene Pracht des Herbstes ist vergangen. Regen und Stürme sorgen für graue Tage, die nur kurz sind. Diese Erfahrungen bringen alle Menschen dazu, mehr als sonst an den Tod und an die Vergänglichkeit des Lebens zu denken. Besinnliche Feiertage sind jetzt angebracht.
Dennoch sollte man den Trübsinn nicht die Oberhand gewinnen lassen und sich gerade jetzt bemühen, die Schönheiten in der Natur mit wachen Sinnen wahrzunehmen: den geheimnisvollen Nebel, den oft unheimlich klagenden Wind, die sich in Tausenden von Zweigen verästelnden kahlen Baumkronen, die krähenübersäten leeren Felder, das seidige Licht des tiefstehenden Sonnenballs am Horizont, die verzaubernde Stille in der Natur, den glitzernden Rauhreif im Morgenlicht, der dem Diamantenlager einer Eisprinzessin gleicht, den rasch verwehenden Atemhauch in der kahlen Luft, die beißende Kälte im Gesicht.
Ja, auch der Totenmonat hat seine Schönheiten, die er jedoch nur denen zeigt, die bereit sind, sie in sich eindringen zu lassen.

AS

Allerheiligen und Allerseelen

Der traurige Totenmonat beginnt mit einem Fest der Freude, das fast 1400 Jahre alt ist. An diesem Tag denken die Christen an alle Menschen, die so gelebt haben oder leben, wie Gott es will, und die sich deshalb freuen dürfen, weil sie nach ihrem Tod bei Gott weiterleben. Diese Menschen werden auch Heilige genannt, und am 1. November feiern wir alle diese Heiligen.

Am Nachmittag des Allerheiligentages besuchen die Menschen die schön geschmückten Gräber ihrer Verstorbenen. Sie zünden darauf Kerzen an, die die ganze Nacht über leuchten. Sie sprechen Gebete für sie und erinnern sich daran, was sie mit ihnen alles erlebt haben.

Am zweiten November werden zum Gedenken der Toten in den Kirchen Seelenmessen gelesen. Mancherorts schenkt man an diesem Tag armen Menschen sogenannte Seelenbrote und Seelenbrezeln, damit auch sie für die Verstorbenen beten.

Im November finden noch weitere Totengedenktage statt, so am dritten Sonntag der Volkstrauertag, am Mittwoch darauf, der Buß- und Bettag und am vierten Sonntag der Totensonntag.

Am Volkstrauertag denken wir an die Millionen Toten, die den vielen Kriegen zum Opfer fielen, und daran, wie sinnlos doch ein jeder Krieg ist.

Am Buß- und Bettag besinnen wir uns auf unsere Fehler und falschen Handlungen, die oft viel Leid verursachen. Wir bitten Gott um Verzeihung und darum, besser zu werden, solange wir noch auf Erden leben dürfen.

Der Totensonntag soll uns nicht nur an die Toten erinnern, sondern auch an die lebenden Mitmenschen. Um sie sollten wir uns wieder mehr kümmern, solange sie noch mit uns leben. Und vielleicht finden wir gerade in den trüben Novembertagen wieder einmal Zeit, auch alte und einsame Menschen zu besuchen.

AS

Philipp ist wütend

Philipp ist wütend. Und wie! Auf alle. „Am liebsten wäre ich tot“, murmelt er und starrt auf die Filzstiftflecke an der Tapete. „Dann würden sie erst merken, wie sehr sie mich brauchen.“
Philipp nickt. Ja, die Idee gefällt ihm. Ganz schön öde würde es sein ohne ihn. Kein Philipp, der morgens rasch zum Bäcker läuft und frische Brötchen kauft, kein Philipp, der Karin bei den Rechenaufgaben hilft und auch kein Philipp, der auf das Baby aufpaßt. Überhaupt keinen Philipp mehr würde es geben. Er würde ihnen schrecklich fehlen. Und traurig würden sie sein, weinen würden sie, und es würde ihnen furchtbar leid tun, daß sie immer so gemein zu ihm gewesen sind und daß sie ihn nicht richtig liebgehabt haben. Jawohl. Alle würden sie es merken: Papa, Mama, Karin, Günter, die Großeltern und auch die in der Klasse. Alle.
Langsam verraucht Philipps Wut. Es ist schön, sich auszumalen, wie traurig alle sein würden: Papa würde ein ganz böses Gewissen haben, weil er damals weggelaufen ist und sich hat scheiden lassen. Seit über sieben Jahren hat Philipp Papa nicht mehr gesehen. Er seufzt. Nun würde er ihn niemals wiedersehen, denn wenn er erst einmal tot war ... Ph, geschah Papa ganz recht. Ja, und Mama würde weinen und weinen und weinen. Immerfort. Und es würde ihr sehr, sehr leid tun, daß sie diesen blöden Günter geheiratet hat. Ohne ihn, Philipp, zu fragen. Und dann hat sie auch noch das Baby bekommen, von Günter ... nicht von Papa. Wo sie doch ihn hatte und Karin! Wozu mußte sie dann auch noch dieses Baby haben? Sollte sie nur um ihn weinen! Ganz arg! Günter, der neue Mann von Mama, würde sich bestimmt freuen. Der hat ihn doch nie leiden mögen. Wegen Papa und so ... Und Karin, diese blöde Petze? Na, die würde es bedauern, daß sie ihn immer bei Mama und Günter verpetzt hat! So, wie heute! Wo er doch wirklich nicht mit Absicht Günters Schreibtischplatte mit Farbe bekleckert hat! Jedenfalls fast nicht. Na, jetzt war Karin allein mit Mama und Günter und dem Baby. Ätsch.
Aber das ist sowieso alles egal. Wo doch nichts mehr wie frü-

her ist! Ach, früher war alles viel schöner. Damals, als Mama und Papa noch gut miteinander waren. Da hatten sie ihn – und Karin – noch liebgehabt. Aber jetzt? Mama hat nur noch den blöden Günter lieb, und Papa fragt überhaupt nicht nach ihm. Nicht mal an Weihnachten oder am Geburtstag. Ach, da ist man doch besser gleich tot.
Philipp schließt die Augen und stellt sich vor, wie alle mit tränennassen Augen an seinem Grab stehen und bereuen: „Ach, hätten wir doch ..." – „Oh, warum nur ..." – „Der arme, arme Philipp ..." – „Wären wir doch bloß ein bißchen netter zu ihm gewesen ..." – „Wo wir ihn doch so liebhaben" – ... Ja, Philipp kann sich das gut vorstellen, und vor lauter Vorstellen muß er selbst ein bißchen weinen. Armer, armer Philipp! „Eigentlich schade", schluchzt er, „daß ich das dann alles nicht mehr hören kann. Wirklich schade."
Philipp seufzt. Dann hat er eine andere Idee: Muß er denn gleich tot sein? Vielleicht genügt es, wenn er erst mal nur krank wäre? Schwer krank. Und alle würden an seinem Bett stehen und Angst um ihn haben. "Philipp", würden sie rufen, „lieber, lieber Philipp. Werde wieder gesund. Wir haben dich doch so lieb."
Hm. Philipp schmunzelt. Wäre gar nicht schlecht. Denen würde er schon etwas vorstöhnen. Aber nein! Halt! Kranksein kann auch weh tun. Philipp muß an Pit denken, damals, als er das Bein gebrochen hatte. Der hat ganz schön herumgejammert. Oder Gabi aus der Parallelklasse. Seit fünf Monaten liegt sie schon im Krankenhaus, und die Lehrer gucken immer ganz ernst, wenn sie von ihr sprechen. Ob sie jemals wieder...?
Nein. Philipp schüttelt sich. Kranksein ist keine gute Idee. Aber was sonst? Was soll er denn jetzt tun? Wenn doch nur einer zu ihm ins Zimmer käme! Mutti, Karin oder dieser Günter. Aber die saßen ja drüben am Fernseher und waren böse auf ihn. Wegen der Farbkleckser. Und er, Philipp, war hier ganz allein und traurig und wütend und ...
Da hört er auf einmal das Baby weinen? Wie der Blitz saust Philipp ins Kinderzimmer und nimmt das Baby auf den Arm. „Du mußt nicht weinen", flüstert er. „Ist alles gut. Ich bin

doch bei dir." Er küßt das Baby auf die Backe und geht mit ihm ins Wohnzimmer. „Das Baby", sagt er entschuldigend, „es hat geweint."
Mama springt auf und nimmt ihn und das Baby in den Arm. „Danke", sagt sie und drückt Philipp noch ein bißchen fester. „Wenn ich dich nicht hätte ..."

EB

Das bißchen Englisch ...

„Ich mag nicht. Immer ich ..." Evi war sauer. Es war immer das selbe: Seit Tom, Evis kleiner Bruder, in die Realschule ging, gab es jeden Tag das gleiche Theater. „Üb mit Tommi Englisch", sagte Mutter immer gerade dann, wenn Evi überhaupt keine Lust dazu hatte.
Mit Tommi zu lernen war aber auch zu gräßlich, denn er paßte nie auf und machte nur dumme Faxen. Das kostete Geduld! „So 'ne Zeitverschwendung", murrte Evi. „Der kapiert es nie." Aber immer, wenn Evi schimpfte, macht die Mutter ein ernstes Gesicht. „Du bist doch meine Große", sagte sie dann. „Zeig, daß du die Vernünftigere bist."
Und darauf konnte Evi keine passende Antwort finden. In ihrem Bauch aber grummelte es dann besonders wild, denn sie mochte gar nicht vernünftig sein. Warum immer sie?
Eines Tages, als es wieder einmal besonders schlimm war, platzte Evi der Geduldsfaden. „Ich mag nicht mehr", schrie sie. „Soll sich jemand anders mit Tommi herumärgern." Und sie bemühte sich, die bittenden Augen der Mutter zu übersehen. „Warum hast du damals in der Schule nicht besser aufgepaßt?" warf sie ihrer Mutter vor. „Dann könntest du das bißchen Englisch, und ich hätte meine Ruhe vor Tommi."
Die Mutter schüttelte den Kopf. Sie sah ganz traurig aus. „Komm einmal her", sagte sie leise und zog Evi zu sich." Ich will dir eine Geschichte erzählen – von einem Mädchen, das auch nicht vernünftig sein mochte. Doch ihr blieb keine andere Wahl. Das Mädchen hieß Anna ..."
„So wie du", rief Evi.

Die Mutter nickte. „Ja – wie ich! Also, paß auf: Anna war ein fröhliches Mädchen, und sie war stark. Nichts konnte sie aus der Ruhe bringen, und es dauerte lange, bis sie einmal weinte. Ganz anders war ihre kleine Schwester Elli, die immer gleich losheulte. Und weil sich Elli vor allem fürchtete, suchte sie bei Anna Schutz. Anna mochte das gar nicht leiden. Sie fand es fad, sich immer um die kleine Heulsuse zu kümmern. Deshalb rannte sie oft davon und versteckte sich, wenn Elli nach ihr rief. Doch einmal konnte Anna nicht weglaufen. Es war ein schlimmer Tag, den sie nie vergessen würde: Die Mutter wurde krank, und keiner konnte ihr helfen. Sie starb – und Anna war erst 12 Jahre alt. Alle waren furchtbar traurig: der Vater, Elli und Anna. Das Leben aber ging weiter. Es mußte weitergehen. Irgendwie. Der Vater mochte das nicht glauben. Er war so traurig, daß er sich um nichts kümmerte. Nach der Arbeit saß er stundenlang am Fenster und starrte hinaus. Und Elli hörte mit dem Weinen gar nicht mehr auf. Und Anna? Keiner fragte, was Anna dachte, und zum Traurigsein blieb ihr wenig Zeit. Einer mußte vernünftig sein: Anna! Sie begann, sich um alles zu kümmern: den Haushalt, den Vater, Elli und alles, was getan werden mußte. Immer wieder tröstete sie Elli, machte mit ihr Schulaufgaben und war da, wenn die Kleine weinte. Und oft ging sie abends los und suchte den Vater, der sich irgendwo mit einem Glas Wein tröstete. So war es in der ersten Zeit nach Mutters Tod, und alle gewöhnten sich daran, daß Anna die Rolle der Mutter übernommen hatte. Der Vater und Elli fühlten sich so wohl, daß sie auch dann nichts mehr ändern wollten, als sie nicht mehr ganz so traurig waren. Es klappte doch alles wunderbar, oder? Das fröhliche Mädchen Anna aber gab es nicht mehr. Wie denn auch? Nur stärker ist sie geworden – und älter. Für die Schule hatte sie wenig Zeit. Wichtiger war, daß Elli gute Noten nach Hause brachte. Und dafür sorgte Anna. Anna aber hatte irgendwann mit der Schule aufgehört, und das bißchen Englisch, das sie je gelernt hatte, hat sie bis heute auch wieder vergessen. Doch sag nicht: ‚Arme Anna‘!“
Mutters Stimme wurde lauter. „Anna würde alles noch einmal so machen, wenn sie wählen müßte.“ Die Mutter schwieg.

Nachdenklich sah Evi ihre Mutter an, und sie dachte an Tante Ellen, die immer so schick und gepflegt war, wenn sie zu Besuch kam. „Also ich", sagte Evi endlich zögernd, „könnte nicht so vernünftig sein wie Anna. Aber ich kann es mit Tommi ja noch einmal versuchen. . ."

EB

Was ein echter Puzzler ist

Jeder weiß, was ein Puzzle ist. Einige sprechen das Wort Pussl aus, andere sagen es englisch Passl. Es ist etwas zum Spielen. Ein Spiel, bei dem man kleine seltsam geformte Teile mit runden Ausbuchtungen zu einem schönen Bild zusammensetzen kann. Ob wir es allein oder gemeinsam mit Freunden spielen, es macht wie jedes Spiel Freude und es ist eine herrliche Freizeitbeschäftigung.
Geduld – Geduld – Geduld! Das ist das Wichtigste bei diesem Spiel. Wenn wir ein Teil richtig an das andere reihen wollen, brauchen wir viel Geduld. Je weniger Einzelteile ein Puzzle hat, um so schneller ist das Bild fertig. Je mehr Teile ein Puzzle hat, um so länger und um so mehr Geduld brauchen wir dazu. Es gibt Puzzle mit 10, 20, 50, 100, 200, 500, ja sogar mit 1000 Einzelteilen. Da benötigen wir dann viele Stunden, bis das Bild fertig vor uns liegt.
Wenn wir das Bild zusammenbauen wollen, schauen wir uns zuerst die Einzelteile ganz genau an. Wir legen Teil an Teil gut sichtbar nebeneinander auf den Tisch. Dann lassen wir uns durch nichts und durch niemanden mehr ablenken. Wir denken. Wir schauen. Wir prüfen und vergleichen die Farben und Formen. Wir probieren, ob ein Teil zum anderen paßt. Wir fügen ein Puzzleteil ins andere. Schon sind wir mitten im Puzzlespiel. Ein waschechter Puzzler aber, der einmal zu puzzeln angefangen hat, der kann nicht mehr damit aufhören. Das Puzzlefieber packt ihn und läßt ihn erst wieder los, wenn das Bild fix und fertig zusammengefügt ist.
Da! Auf dem einen Teil ist ein roter, brauner und hellblauer Streifen. Was soll das sein? Dort auf einem anderen Teil ist

ein gelber Fleck und braune Striche. Wo paßt der hin? Ah – dort läßt sich der eine anfügen! Schau – hier der andere! Da – ein paar Teile sind schon zusammengesetzt! Ein Bildausschnitt ist bereits zu erkennen! Richtig – ein Kopf, mit Hals und Schultern und weiter unten die Arme! Immer mehr Teile verbinden sich, wachsen zusammen, verketten sich, bis endlich in die letzte Lücke genau das letzte Puzzleteilchen paßt. Fertig ist das Bild. Es ist farbenfroh und prachtvoll. Wir freuen uns, daß wir es geschafft haben.

Schon als Baby beginnt der Mensch zu puzzeln. Als ersten Bildteil sieht er vielleicht die Mutter, als zweiten den Vater, dann einen Ball, den Stuhl, den Tisch. Später lernt er andere Menschen kennen, dazu Tiere, Pflanzen, die Sonne, den Mond und die Sterne. Stück für Stück legen wir uns auf diese Weise die Teile für ein lebenslänglich dauerndes Puzzlespiel zurecht. In der Familie, im Kindergarten, in der Schule, im Beruf und bis ins hohe Alter fügt jeder von uns Teil für Teil aneinander. Es soll ein riesengroßes Bild entstehen, ein klares Weltbild.

Dieses Bild hat nicht 10, nicht 100, nicht 1000 Teile; es hat unzählige Teile. Deshalb reicht ein Leben kaum aus, um dieses Bild fertigzustellen. Ihr könnt euch denken, daß wir bei diesem Puzzlespiel tausendmal und öfter unpassende Teile in die Hand nehmen, bevor wir zwischendurch endlich wieder einmal eines finden, das sich an ein anderes fügen läßt. Und daß dazu eine gewaltige, ja eine Engelsgeduld gehört – mehr als zu einem meinetwegen 100teiligen Puzzle –, das brauche ich euch nicht erst zu sagen.

Viele Menschen puzzeln geduldig das ganze Leben an einem wahren Weltbild, anderen dagegen reißt irgend einmal der Geduldsfaden. Sie hören einfach auf weiterzupuzzeln. Sie reihen vielfach falsche Teile aneinander, und es entsteht ein verzerrtes Bild. Manche zerstören sogar den Ausschnitt, den sie bisher richtig zusammengesetzt hatten. Viele von ihnen ärgern sich hernach oft darüber.

Wenn wir aber unaufhaltsam fleißig weiterpuzzeln an unserem Weltbild, dann werden wir sicher irgend einmal – und sei es auch erst nach dem Tod – die letzte Lücke mit dem letzten richtigen Puzzleteilchen füllen, so wie bei einem 10- oder 50teiligen Puzzle auch. Wir werden erkennen, was dargestellt ist. Wir werden uns freuen, daß wir es geschafft haben.

AS

Manchmal verstehe ich gar nichts mehr

Mein Opa ist ein mutiger Mann. Er sagt jedem gleich seine Meinung, wenn ihm was nicht paßt, und er läßt sich auch sonst von niemandem etwas sagen. Ich glaube, er hat vor nichts Angst. Doch manchmal sitzt er am Frühstückstisch und sagt, daß er wieder so bös geträumt habe, von damals, vom Krieg, als die Franzosen kamen und so, und daß er schweißgebadet aufgewacht sei. Und wenn er dann davon spricht, fangen seine Hände ganz doll an zu zittern. Ich verstehe das nicht. Wir sind schon oft in Frankreich gewesen. Dort ist es schön, und die Franzosen sind so nett! Warum hat Opa Angst vor ihnen?
Meine Oma ist eine kluge Frau. Sie hat ganz viele Bücher und kennt mindestens 100 Märchen auswendig. Ich glaube, sie weiß fast alles. Doch manchmal redet sie richtig blödes Zeug und regt sich auf, wenn wir sonntags in schmutzigen Hosen herumlaufen, wenn Mutti vergißt, die Betten morgens zum Lüften ans Fenster zu legen oder wenn Vati mal samstags nicht die Straße kehrt. „Was sollen denn die Leute denken?" fragt sie ängstlich, und dann redet sie von Dingen, die man einfach tun muß, damit die anderen Leute in der Straße oder sonstwo nicht schlecht denken. Und wenn wir es dann doch nicht tun, so kriegt sie richtig Angst.
Komisch, mir ist es egal, was andere Leute denken. Und fürchten tu' ich mich auch nicht vor denen. Arme Oma! Warum macht sie nicht einfach das, was ihr Spaß macht, ohne Angst vor irgendwelchen Leuten zu haben?
Mein Vati ist ein erfolgreicher Mann. Er arbeitet in einer großen Firma und verdient da viel Geld. Ich glaube, er kann einfach alles. Aber oft hat er Kopfweh und sagt, daß er nervös ist. Und dann arbeitet er noch mehr und noch mehr und kriegt

noch mehr Kopfweh und ist noch nervöser. Mutti sagt, das ist, weil er Angst hat, daß der Herr Maier, der mit ihm im Büro arbeitet, mehr Erfolg hat und mehr vom Chef gelobt wird als Vati.
Aber warum hat Vati Angst vor dem Herrn Maier und dem Chef? Ist doch egal, wenn der Chef den Herrn Maier ein bißchen öfter lobt als Vati. Hauptsache ist, Vati hat überhaupt eine Arbeit. Peters Vater ist arbeitslos, und der ist ganz schön traurig deswegen.
Meine Mutti ist die liebste Frau auf der Welt. Sie ist Lehrerin und mag alle Kinder und ist nie schlecht gelaunt. Ich glaube, am meisten aber mag sie mich. Doch manchmal kann sie mich richtig nerven. „Sei lieb", sagt sie, wenn ich mal alleine fortgehe oder wo eingeladen bin, „und blamiere mich nicht." Und sie rupft und zupft und kämmt an mir herum, so, als ob ich eine doofe Puppe wäre, die bei fremden Leuten immer nur Quatsch macht. Mutti hat eine Riesenangst, daß ich mich nicht richtig benehme oder irgend etwas Dummes anstelle. Komisch, wo ich doch immer so lieb bin! Da braucht sie doch keine Angst zu haben! Und wenn mir doch mal etwas Blödes passiert, na bitte, bisher ist ja immer alles gut ausgegangen!
Meine große Schwester Kati ist eigentlich ganz okay. Sie hat immer tolle Ideen, und wenn's mal Ärger gibt, hält sie fest zu mir. Ich glaube, sie mag mich, auch wenn ich ihr oft genug auf die Nerven gehe. Manchmal aber benimmt sie sich richtig blöd. Sie steht ewiglang vor dem Spiegel und schmiert sich das Gesicht voll mit Schminke und solch ekligem Zeugs. Dann geht sie mit dieser Kriegsbemalung auch noch raus auf die Straße. Zum Totlachen! Vati sagt, Kati hätte Angst, keinen Freund zu finden, wenn sie sich nicht schick macht. Na, ich weiß nicht. Ich finde, sie ist überhaupt nicht schick mit diesen Farben im Gesicht. Und außerdem: Ich brauche keine Schminke und hab' doch viele Freunde, den Felix, den Bernd, den Markus und den Dieter.
Es ist wirklich komisch. Manchmal verstehe ich gar nichts mehr. Alle haben sie Angst vor irgendwelchen Dingen, vor denen man sich doch wirklich nicht zu fürchten braucht. Aber vorm Alleine-zu-Hause-Sein haben sie keine Angst, auch

nicht, wenn's im Dunkeln so schaurig raschelt und knistert. Komisch. Wo man da doch wirklich Angst haben muß ...

EB